끝나지 않은 그들의 노래

자유는 우리의 힘과 피로 쟁취하는 것이지 결코 남의 힘으로 얻어지는 것이 아니다

끝나지 않은 그들의 노래

백 년을 살기보다 조국의 영광을 지키는 이 기회를 택하였습니다

최필숙

知&you 지앤유

저자의 말

인생을 살다 보면 삶의 모습을 바꿀 특별한 계기를 만나는 순간들이 있습니다. 여러 번 주어지지만 이를 알아채지 못해 그냥 넘기는 경우도 있습니다. 그러나 귀로에 선 대부분의 사람들은 고민의 시간을 갖기 때문에 그 순간 선택하지 못한, 그래서 가 보지 못한 길에 대한 미련을 갖습니다. 자신의 길이 순탄치 못하면 그에 대한 후회가 더 커질 것입니다.

교사로서 살아가던 제게도 계기가 찾아 왔습니다. 그 처음은 1994년이었습니다. 부산 서면의 한 서점 앞을 지나는데 유독 눈에 띄는 책이 있어 안으로 들어갔습니다. 『김원봉 연구』라는 서울시립대 염인호 교수의 책이었습니다. 지금 생각하면 '운명'이었습니다. 이 책은 제게 많은 고민을 안겨 주었고, 김원봉의 여동생 김학봉 여사님이 밀양에 생존하신다는 사실을 알게 해 주었습니다.

두 아들을 키우고 있었던 저는 수업 시간에 약산에 대한 긴 이야기를 하였지만 현실에서 김학봉 여사를 찾아뵈올 여건이 되지 못하였습니다. 그러던 중 1999년경으로 기억합니다. 수업 중 약산 김원봉 장군에 대한 이야기를 하며 '내가 가장 존경하는 인물'이라고 하였는데, 교실 안에서 울음소리가 들린 것입니다. 무엇을 잘못하였나 당황할 정도였습니다. 그런데 평소 아주 밝았던 한 아이가 일어나 자신의 할머니가 김학봉이라며 울음을 터뜨렸습니다. 저도 뭔가로 머리를 맞은 느낌이었습니다. 그 학생의 이야기로는 중학교 때 약산이 할아버지 되신다고 이야기하였다가 '빨갱이'라 말하는 선생님으로 인해 상처를 입었다고 합니다. 그런데 오늘 이런 이야기를 들으니 눈물을 참을 수 없었다고 말하였습니다.

김영삼 정권의 '역사바로세우기'를 통해 조선총독부의 건물이 역사 속으로 사라졌고 독립운동기념관이 건립되어도 우리는 여전히 '빨갱이 그물'에 걸려 있었습니다.

비교적 이른 시간에 출근하는 저는 다음 날 밀양여고의 상징이라 할 수 있는 신사임당 동상 옆에 누군가 앉아 있는 것을 보고 다가가 '무슨 일이시냐?'라고 여쭈었더니 그분은 '최필숙 선생을 만나고 싶어 왔다'라고 하였습니다. 그러면서 "나는 약산 김원봉의 막내 여동생 김학봉이오."라고 말씀하셨습니다.

그분과 저는 아무 말 없이 서로 끌어안고 울기만 하였습니다. 새로운 사진도 가져오신 김학봉 어머님[저는 이렇게 부릅니다]은 저에게 굵은 채찍에 맞은 듯한 충격으로 다가왔습니다. 먼저 학교 교지에 글을 써 약산에 대해 알리는 일부터 시작하였습니다. 이후 관련된 많은 분들을 만나게 되었고 제 할 일이 뚜렷해졌습니다.

인근 학교인 밀양고등학교로 전근을 간 저는 그곳에서 친일파의 거두 박춘금 송덕비 철거 등에 관여하였고, 당시 EBS교육방송에서 기획한 독립운동사 중 밀양과 관련 있는 <밀양아리랑> 촬영 당시 도올 김용옥과 만나게 되었습니다. 도올은 밀양 촬영 후 약산과 의열단을 좀 더 알리기 위해 중국과 만주의 길림은 물론 조선혁명군사정치간부학교의 3기생들이 훈련하였던 남경의 천령사까지 답사하여 선열들의 투쟁 모습을 보여주었습니다.

이 프로그램을 시청한 울산의 풍객 김영민님이 저를 찾아 밀양에 온 것은 2006년 늦은 가을이었습니다. 도올의 방송을 보고 학생들과 함께 역사기행을 하고 싶은데 제가 근무하는 학교의 학생들과 그 첫 열매를 맺고 싶다고 하였습니다. 당시 밀양여고에 근무 중이었고, 늦가을이라 고민하다 수능시험을 마친 후 고3 학생 중 사학史學과에 진학할 학생들 13명과 함께 기행을 하기로 하였습니다.

북경에서 가이드 김정남과 만나고 한단시까지 9시간 동안 버스를 타고 이동하면서 생면부지의 사람들과 함께 여학생들만 인솔한 채 여행을 한다는 것 자체가 무서웠습니다. '우리 아이들이 이상한 곳으로 끌려가 장기가 다 사라지는 일이 생기는 것은 아니겠지' 등 온갖 생각들로 가득 찬 머리는 한순간의 잠도 허용하지 않았습니다.

그러나 한단시 진기로예열사능원에서 석정 윤세주 할아버지를 만나고, 다시 좌권현으로 이동하여 무명용사 묘가 있는 상무촌과 석정의 초장지가 있는 석문촌, 한글 글귀가 칠해진 운두저촌, 조선의용대 화북지대가 조선의용군으로 개칭된 중원촌의 원정사, 연안으로 이동하기 전까지 주둔하였던 남장촌 유치원까지 학생들과 탐방하면서 내내 울었습니다. 특히, 석문촌 초장지 참배를 가기 위해 눈을 뜬 새벽, 온 세상을 하얗게 만든 눈은 무릎까지 차올라 남장촌 오지산에 갈 수 없는 문제를 만들었지만, "고향에서 학생들이 오니 좋아서 석정 열사가 눈물을 흘리시는구나." 하던 풍객의 말과 그의 표정은 잊을 수가 없습니다. 풍객과의 이 만남은 저의 인생을 완전히 바꾸어 놓았습니다.

이후 석정 열사의 종손녀분들을 만났고, 그중 윤명화 어머님으로부터 너무나 많은 것을 배웠고 얻었습니다. 그리고 그분을 뵐 때마다 참괴함을 느꼈습니다. 손수 자료를 찾으시고 번역하시는 등 모든 일을 직접 하셨던 그분은 독립운동가의 후손으로 대접을 받으려는 것이 아니라 훌륭한 할아버지의 후손이므로 더 바르게 살아야 한다고 생각하시는 분이라 저에게 늘 경외하는 마음을 갖게 하셨고, 저보다 더 많이 연구하시는 멋진 분이십니다. 그분을 만나면서 기행을 게을리할 수 없게 되었고, 후손들의 도움으로 학생들과 함께 중국으로 역사기행할 기회가 점점 늘어나게 되었습니다.

중국역사기행 16회, 그중 타이항산 11회. 고향의 음식을 올리고 싶어 밀양에서 생산되는 과일과 음식을 갖고 비행기에 탑승해도 단 한 차례의 제재를 받지 않았습니다. 정성과 죄송한 마음으로 찾아가는 그곳은 밀양의 학생뿐만 아니라 교사, 그리고 석정과 조선의용대원들의 뜻을 잇겠다는 많은 이들에게 발걸음을 재촉하게 하였고, 석정을 통해 중국과 가까워지게 되었습니다.

그러던 중 2014년, 남편과 큰아들이 이 역사기행에 함께하였고, 군에서 제대한 막내아들까지 2015년 타이항산에 다녀와 온 가족이 약산과 석정의 발자취를 함께하였습니다. 그 뒤 저의 중국 답사는 한결 수월해졌고, 가족 모두의 성원으로 편안한 마음으로 다녀올 수 있었습니다.

언제나 석문촌 석정의 초장지는 눈물을 쏟게 하였고 상무촌의 무명용사 묘도 눈물을 멈출 수 없게 하였습니다. 황북평촌에서도 죄송한 마음과 그분들의 넋을 느끼기 때문에 눈물이 마르지 않았습니다. 많은 이들이 함께하면서 같은 길을 걸어가는 동지가 되었습니다. 특히, 가이드 김정남은 2006년 이후부터 지금까지 함께하고 있으며, 석정윤세주기념

사업회의 일을 맡았던 이도율 국장, 답사 중 국혼을 심어주며 웃음으로 피로를 몰아내 주셨던 노사 김수곤 선생님, 유학 중이면서 학생들의 인솔에 큰 도움을 주었던 김현수 박사, 금전적 지원은 물론 민족혼을 심어주었던 풍객 김영민 사장님과 김태영 회장님, 김학봉 어머님, 윤명화·윤명숙·윤명옥 어머님, 그리고 신채호 선생의 며느리이신 이덕남 어머님, 정률성 선생의 따님 정소제 여사님! 모든 분들이 계셨기에 힘들어도 멈출 수 없었습니다.

역사기행에서 만난 양동자님, 마완근님, 이정미님, 대학 동기 김현숙님, 박진우님, 김삼웅님, 윤경로님, 박경철님, 김원근님, 김영희님, 강정애님, 안향미님, 이선애님, 밀양시청 이종숙 국장님, 신점숙님, 그리고 의열기념관의 이준설님, 이정우님, 김현님, 우세종님, 김조영님, 이광수님, 고교 동기 강현숙님, 김레지나님 등 잊지 못할 사람들이 너무나 많습니다.

특히, 결혼한 큰아들이 하루는 "카레 냄새만 맡아도 가슴 한 곳이 먹먹해서 먹을 수가 없어요." 하길래, 놀라 "왜?" 하고 물었더니 "카레만 잔뜩 끓여 놓고 중국으로 가 버린 엄마 때문에 카레의 존재는 엄마가 없어진다는 두려움! 그리고 동생을 챙겨야 한다는 책임감, 의무감을 갖게 하였으며, 카레 냄새는 늘 그것을 떠올리게 하여 먹을 수가 없다."라고 하였습니다. 큰아들과 며느리 지윤이, 그리고 태어난 손녀 시은이에게도 감사와 사랑을 전합니다.

독립운동에 자신의 모든 것을 바치신 분들의 소망은 분단된 조국을 만드는 것이 아니었습니다. 그래서 우리에게 주어진 시대적 사명은 바로 통일운동이라 생각합니다. 자신의 것을 내려놓지 않으면 통일도 어렵습니다. 독립운동처럼 자신의 이념이나 종교, 사상을 다 내려놓아야 하지 않을까요? 약산 김원봉과 석정 윤세주 등 일제강점기 자신의 모든 것을 내려놓았던 그들의 뜻을 잊지 않고 기억하는 것이 우리의 의무이기에 쉼 없이 묵묵히 걸어가는 길에 동지들이 많음에 감사하며 이들을 위해 이 책을 바치고 싶습니다.

'혁명을 위하여 동지를 위하여 죽어짐을 두려워하지 말라'던 석정의 말씀을 늘 가슴속에 새기며 2019년 7월 31일에 씁니다.

차례

세 번째 이야기

네 번째 이야기

1919년 3월 13일 밀양시장 만세운동이 일어났던 밀양시 내일동 일대.

의열단 창립 초기 멤버들의 단체 사진. 오른쪽 위부터 단장 김원봉, 곽재기, 강세우, 김기득, 이성우. 앉은 사람은 정이소, 아래 동그라미 속은 김익상.

1942년, 조선민족전선연맹이 임시정부와 통합된 후의 기념 사진.

3·1절 22주년 기념식을 마치고(중국 충칭, 1941년 3월 1일) 왼쪽부터 김구, 조소앙, 신익희, 김원봉.

38도선이라 새겨진 팻말 앞에서 내렸다

남쪽 하늘을 올려다봤다.

〔처음 이야기〕

끝나지 않을 그들의 노래

약산의 그림자

올해[2019]는 내가 태어난 지 120년 하고도 한 해가 지났다. 다시 말해 나의 주인 약산 김원봉이 태어난 지 121년이 되는 해이다. 어느 누구도 기억해 주지 않았던 4월 18일[당시 음력 3월 14일], 서글픔에 눈물을 쏟아낸 나는 나의 주인에 대한 이야기를 하려고 한다.

1898년, 대한제국이 성립되었으나 외세의 침략이 거센 시절, 밀양 땅 성 밖 해자[垓字] 주변의 한 초가집에서 나의 주인이 태어났다. 너무나 잘 생긴 얼굴이라 나도 반할 지경이다. 옆집에 살고 있는 윤, 희자 규자 어르신이 이름을 지어 주셨다. 으뜸 원元에 봉황 봉鳳, 거창한 이름이다. 지금 생각해 보면 나의 주인은 이름만큼의 삶을 살았다.

2년 뒤에 희규 어르신의 집에도 막내아들이 태어났다. 소룡小龍이라 불리는 작고 귀여운 소년은 늘 나의 주인과 함께 다녔다. 해자에서 멱을 감기도 하고, 함께 구구단을 외우고, 공을 차며 형제보다 더 가깝게 지냈다. 그러다 나의 주인은 지역 유지들이 세운 동화학교에 입학해서 을강 전홍표 선생과 백민 황상규[실은 주인의 고모부이다], 일봉 김대지 선생의 가르침을 받았다. 소룡 도령도 동화학교에 입학하였다. 아마 나의 주인과 함께 다니고 싶어 아버지를 졸랐나 보다.

융희 3년 소룡 도령이 먼저 밀양공립보통학교로 전학을 가자 다음해 4월 나의 주인도 밀양공립보통학교 2학년에 편입학하였다.

3학년이 된 1911년 천장절 날, 즉 메이지 일본왕의 생일인 11월 3일, 나의 주인과 소룡 도령 등 몇몇이 변소에 일장기를 빠뜨리는 사고를 저질렀다. 이 때문에 나의 주인은 퇴학을 당하였다. 그래도 전혀 속상해하지 않는 모습이 이상하였다.

주인은 다시 동화학교의 중학 과정에 편입하여 신나게 학교를 다녔다. 나도 덩달아 신이 나 함께 뛰어 다녔다. 그러나 이 학교마저 폐교를 당하자 주인은 친구들과 함께 돈 80원을 마련하여 밀양강과 가까운 전홍표 교장 선생님의 집으로 달려갔다. 고사리 같은 손으로 교장 선생님께 돈을 드리며 다시 학교를 열어 공부할 수 있게 해 달라고 조르는 꼬맹이들을 두 팔로 안고 우시는 교장 선생님의 모습은 아직도 눈에 선하다.

교장 선생님은 "학교가 폐교된 것은 경제적 곤란이 아니라 배일 민족사상 때문이다. 너희들이 얼른 자라 강도 일본을 몰아내는 데 앞장서야 한다."라며 아이들의 어깨를 다독였다. 주인과 친구들은 뜻을 아는지 눈물만 뚝뚝 흘리고 서 있었다.

그날부터 나의 주인과 친구들이 달라졌다. 깨우지 않아도 아침 일찍 눈을 떠 강변에 가서 풋볼을 하였다. 조국을 되찾으려면 체력도 필요하다면서 말이다. 그리고 엄청난 양의 독서를 하였다. 한 곳에 앉으면 책의 마지막 장까지 읽을 동안 도무지 일어설 생각을 하지 않는다. 함께 앉아 있어야 하는 나는 지겨워 죽을 지경이다. 괜히 하품질이다. 책 한 권을 읽고 나면 서로 바꿔 다시 읽는다. 밥 먹을 생각조차 하지 않는다. 이렇게 책만 읽어 무엇을 하려는지 궁금할 뿐이다.

그러던 어느 날 홀연히 표충사에 들어가 병서를 읽었다. 나의 주인의 머릿속에는 무슨 생각이 들어 있을까?

1916년이 되자 한성으로 올라가 중앙학교에 입학하였다. 주인은 이곳에서도 마음 맞는 친구를 만났다. 김두전이라 불리는 나이 많은 친구와 아주 어리지만 똑소리나는 이명건이라는 친구, 그들과 어울리며 웅변도 하고 한성 거리를 다니며 세상에 대한 이야기도 하였다. 당시 옆집의 소룡 도령도 오성중학에 다니고 있어 자주 만나 이야기를 하였다.

어느 날 주인을 찾아온 고모부 황상규 선생이 세 사람이 함께 있는 것을 보고 변치 말라는 뜻에서 호를 지어 주셨다. 나의 주인에게는 '산과 같아라'며 약산若山이라 하였고, 김두전에게는 '물과 같아라'며 약수若水라 하였다. 막내인 이명건에게는 '별과 같아라'며 여성如星이라는 호를 지어 주었다. 서로를 향한 믿음이 확고하였고 조국을 위해 헌신하겠다고 다짐하는 세 청년들에게 끊을 수 없는 매듭이 생긴 것이다. 세 사람은 세계전쟁에서 잠수함 등의 무기로 싸우는 독일을 배우기 위해 텐진으로 건너가 덕화학당에서 독일어를 배웠다. 그들의 기술을 배우려면 그들의 언어는 필수였기에 조금도 주저하지 않았다. 마침내 전쟁이 끝났다. 그런데 독일이 아닌 미국이 승리하였다.

잠시 국내에 들어왔던 세 사람은 망설임 없이 바로 난징남경으로 이동하여 금릉대학에서 영문학을 공부하기 시작하였다. 정말 대단한 사람들이다. 나는 세 사람의 행적을 따라가기조차 힘들었지만 그들은 끊임없이 영어사전을 외우고 또 외우더니 드디어 사전 없이 톨스토이 소설을 읽고 토론하였다. 그들의 열정이 만들어 낸 것인지 아니면 모두 다 천재들인지 하여튼 그들은 지칠 줄 모르고 공부에만 전념하였다.

잘 생긴 주인의 옆을 지나는 처녀들은 중국말로 "정말 잘 생겼다.", "얘, 저 사람 조각 같다."며 내 주인을 쳐다본다. 부끄럼이 많은 처자는 몰래 훔쳐본다. 나도 내 주인을 훔쳐본다. 꼼짝도 하지 않는다. 중국어를 모르는 것도 아닌데 못 들은 척하는 저 능청은, 어휴!

톨스토이에 빠져 있던 주인이 갑자기 짐을 싸기 시작하였고, 여성도 함께 짐을 꾸리기 시작하였다. 궁금증이 있었지만 주인의 얼굴만 보며 지켜보았다. 드디어 기차에 오른 그들은 스승인 황상규 선생으로부터 길림으로 오라는 연락을 받았다며 서둘렀다. 어떤 일이 그들을 기다리고 있을지, 기대감에 얼굴이 상기되었다.

압록강 근처에 도착하였다. 많은 조선 사람들이 상기된 얼굴로 만세운동에 대한 이야기를 하고 있었다. 조선 민중 전부 다 만세운동을 하였단다. 신문을 통해 알았던 사실이지만 정말일까?

봉천에서 다시 만난 약수는 여성과 함께 조선에서 활동하겠다고 하며 나의 주인에게 함께 가자고 하였다.

“저런 나약한 만세운동으로 일본 놈들이 물러날 것 같지 않아. 난 길림으로 가서 무기를 들고 일본 놈들과 싸울 준비를 할 거야.”라고 나의 주인은 말하였다.

드디어 세 사람이 헤어졌다. 두 사람의 뒷모습을 바라보는 나의 주인의 눈이 참 슬퍼 보였다. 아마 그들과 함께 폭탄도 만들고 적과 싸우고 싶었나 보다. 축 처진 어깨는 내 모습마저 초라하게 만들었다.

홀로 길림에 와 고모부를 찾아가니 그 반가움이 오죽하랴. 주인과 황상규 선생은 서로 얼싸안고 한동안 말이 없었다. 나라를 잃은 백성이 아니라면 정겹게 고모부, 조카로 재미있게 이야기꽃을 피웠을 텐데…. 가족 누구의 안부를 묻는 것조차 사치로 여기는 두 사람은 술 한 잔을 앞에 두고 앉았다. 긴 침묵이 흘렀다.

황상규 선생의 입술이 움직였다. 조국의 광복을 위해 ‘작탄 투쟁’

을 전개하려는 계획과 그 실행을 위해 주인의 희생이 필요함을 힘주어 말하였다. 주인의 눈이 반짝였다. 이 얼마나 기다렸던 일인가! 지금 당장이라도 일제 놈들을 향해 달려갈 기세다.

다음 날 바로 함께 일할 동지를 구해야 하니, 주인은 고산자에 있는 신흥무관학교로 향하였다.

세상에!

그곳에는 소룡 도령을 비롯한 밀양의 친구, 그리고 선배들이 함께 있는 것이 아닌가! 내 주인의 놀라움은 경악 그 자체였다. 모두들 얼싸안고 서로의 안부를 묻느라 정신이 없었다. 덩달아 나도 바빠졌다. 이 사람 저 사람 모두 반가움에 어쩔 줄 모른다. 소룡 도령은 그 사이 결혼까지 하였다고 한다. 샌님 같은 얼굴을 한 그는 밀양에서 일어난 만세운동을 주도하다 일본 경찰을 피해 이곳으로 왔다고 한다.

"행님, 저 이제 어른입니더."라며 아직 장가가지 못한 내 주인을 놀리는 듯하나 모두들 함박웃음을 지으며 즐거워하였다.

그날부터 내 주인의 번뜩이는 눈빛은 마치 사냥감을 찾는 포수 같았다. 3개월이 지났다. 신흥무관학교 3개월 과정을 졸업한 것이다. 3개월 동안 밤마다 몇이서 논의하더니 드디어 뭔가 결정하였나 보다. 그리고 김동삼 선생의 소개로 신흥무관학교에 와 있던 폭탄 기술자 주황을 만나고는 기뻐 어찌할 줄 몰라 하였다.

이종암, 이성우, 서상락, 김상윤, 한봉근, 신철휴, 권준, 주황 그리고 소룡 도령이 함께 길을 떠나 걷기 시작하였다. 모두의 얼굴이 비장한 각오로 굳어 있다. 특히 나의 주인은 많은 생각으로 인해 그 잘생긴 얼굴이 찌그러져 있다. 무슨 생각이 그리 많은지. 덩달아 내 얼굴도 찌그러졌다.

며칠을 걸어 도착한 곳은 백민 선생이 있는 곳이다. 그곳에는 곽재기, 강세우, 배중세 등이 주인 일행을 기다리고 있었다. 말이 없어도 뭔가 통하는지 그들은 서로를 포옹하며 힘을 주었다. 괜히 내 눈에 눈물이 고였다. 주인의 눈에서는 눈물이 쏟아지고 있었다.

1919년 11월 9일 늦은 밤, 주인은 밤길을 나섰다. 한적한 곳, 반씨 농가로 알려진 화성여관으로 숨어들었다. 먼저 와 계신 백민 선생과 윤치형 선생의 모습이 보였다. 그리고 속속 주인과 만났던 사람들이 들어왔다. 그런데 소룡 도령이 보이지 않았다. 몸이 많이 아프다고 한다. 걱정이다. 나이도 어리지만 장가들어 새색시도 보고 싶겠지, 그리고 애지중지하시던 부모님은 또 오죽 보고 싶으랴.

분주히 돌아가는 모양새를 보니 누가 의백義伯을 할 것인지 아직 결정이 안 된 듯하다. 황상규 선생이 하는 것이 좋겠다고 이야기하는 사람과 직접 행동대를 이끌어야 하니 좀 더 젊은 사람이 좋겠다는 의견으로 의논이 분분하다. 한사코 사양하시면서 뒤에서 후원하시겠다는 백민 선생을 두고 더 이상 고집을 피울 수가 없었다. 선생은 이 조직을 만들기 위해 얼마나 애를 쓰셨는데….

내 주인이 의백, 그러니까 큰 형님이자 단장이 되기로 한 모양이다. 모두들 손가락을 깨물고 피를 내어 맹세하며 자신들의 목숨을 바치기로 하는데, 내 손가락에도 고통이 느껴지는 것은 왜일까?

무엇이 저들을 목숨마저 담보하게 하였을까? 어느 누구도 후회하는 기색이 없다. 다만 소룡 도령이 없어 나는 허전하다. 몸이 많이 아프다고 한다. 얼른 쾌차하기를 속으로 빌었다.

새벽녘에 '천하의 정의로운 일을 맹렬히 행'하기 위한 10개의 공약과 파괴해야 할 대상 5[5파괴]와 죽여도 되는 부류의 사람 7[7가살]을 정하였다. 참으로 진지한 모습들이다. 나는 목에 핏대마저 세우며 말하는 내 주인의 모습에 마치 연인 바라보듯 한참이나 눈을 떼지 못하였다. 그저 넋을 잃고 쳐다볼 뿐이다.

그들이 만든 조직이 '의열단'이라고 한다. 의로운 일을 위해 목숨을 걸고 열심히 하겠다고 하지만 실은 폭탄이나 총을 들고 적진을 향해 달려가는 것이리라. 그런데 조금의 망설임도 없단 말인가? 참으로 이상한 사람들이다.

이제는 더 바빠진 주인을 따라다니는 내 발걸음은 지쳤고, 숨이 막힌다. 북경으로 가 폭탄의 원료를 구입하고, 상하이로 가 동화학교 은사인 김대지 선생 집에서 몰래 뭔가 실험을 하였다.

잡아당겨 보기도 하고 던져 보기도 하고, 대체 뭘 하는 것인지. 그러나 아직 맘에 차지 않는 모양이다. 뭘 집어넣어 수없이 던지고 당겨 보는데 곁에 있는 내 코엔 화약 냄새만 진동하였다.

윤치형 선생이 돈을 보냈다고 하면서 실험을 계속하던 주인과 동지들은 드디어 뭔가를 완성한 모양이다. 모두들 악수를 하고 심지어는 남자들끼리 껴안기도 한다. 눈물 흘리는 사람도 있는 걸 보니 폭탄이 완성되었나 보다.

이번엔 누가 국내로 들어갈 것인가를 두고 논쟁이 벌어졌다. 서로 가겠다고 난리들이다. 분명 저 길은 죽음의 길인데 왜 서로들 먼저 가려고 하는지 이해할 수 없다.

제일 어린 소룡 도령이 먼저 나선다. 주인의 눈에 걱정이 가득하다.

"행님 내는 적에게 잡혀도 절대로 입 안 연다. 행님도 내 알제? 걱정하지 말고 내를 보내도." 의백이라 하며 말해도 들어주지 않으니 이제는 행님이라며 떼를 썼다.

황상규 선생도 함께 가시겠단다. 모두들 극구 만류하나 선생은 꿈적도 않는다.

도대체 폭탄이 몇 개나 만들어졌길래 모두 다 국내로 잠입한단 말인가? 밀양에 3개, 진영에 13개가 어쩌고 하는 걸 보니 많은 사람이 필요한가 보다. 모두들 자신의 목숨을 먼저 내놓겠다 야단들이다.

단원 20여 명이 국내로 들어가고 주인은 상하이와 북경을 오가며 이를 지휘하기로 하였다. 그런데 6월부터 이상한 소식이 들려오는 듯하다. 국내에 잠입하였던 단원들이 체포되었다고 한다. 폭탄을 던져보지도 못하고 누군가의 밀고로 붙잡혔단다. 백민 황상규 스승과 소룡 도령이 김태석에게 잡혔다는 소식이 바람처럼 들려왔다. 폭탄 16개는 한 번도 사용하지 못하고 고스란히 다 빼앗겼단다.

"스승님과 동지들이 검거되었다니!"

주인은 물 한 모금도 마시지 못하였다. 국내에서 들려오는 소식에 촉각을 세울 수밖에 없었다.

이런 와중에 1920년 4월 초 의열단원이 된 박재혁 의사에게 나의 주인은 부산경찰서를 폭파하였으면 하는 뜻을 밝혔다. 동지들이 20여 명 붙잡혀도 의열단이 건재함을 보여 주어야겠다는 주인의 생각이었다. 지역의 지리에 밝은 박재혁 동지에게 부산경찰서 폭파를 권유하여 성공 가능성을 높이려 하였다.

박재혁이라 불리는 사람 역시 잠시의 망설임도 없었다. 그는 폭탄 1개와 군자금 300원 그리고 여비 50원을 건네받았다. 그리고 그들은 직감적으로 살아서 만나지 못할 것임을 알았기에 말없이 서로의 어깨를 감싸 안았다. 뛰는 심장이 말한다.

"저승에서 만나자."

그리고 얼마 후 박재혁 동지의 부산경찰서 폭파의거가 성공하였다는 소식이 들려왔다. 응당 기뻐해야 할 주인은 되려 눈물 바람이다. 박재혁 동지와 그 가족에 대한 미안함과 동지들을 사지死地로 몰아넣는 의백이란 자리에 대한 책임감 때문일 것이다.

"차라리 내가 적의 심장부를 향해 달려가야 할 것을…."

자책하던 주인은 이 사실을 동지들에게 알렸다. 그리고 이종암과 김상윤의 권유로 의열단에 가입한 밀양의 최수봉 형님이 고인덕 형님이 만들어준 폭탄으로 밀양경찰서에 폭탄을 던지려는 사실도 함께 알렸다. 고인덕 형님이 폭탄을 만들어주신다고 하니 안심은 되나 고향의 두 형님을 또 사지로 몰아넣어야 한다.

또 수봉 형님이 자신의 목숨을 내놓고 밀양경찰서에 폭탄을 던지려 한다니….

'밀양공립학교, 그리고 동화학교 시절, 그 먼 거리를 달려 등교한 형님은 항상 일등이다. 그토록 배우고 싶어 하던 그 형님이 이제는 의열단원이 되어 또 목숨을 내놓았구나!'

폭탄이 불발되어 경찰서 폭파는 유리창 몇 장과 서류함만 파손된 것으로 끝나고, 최수봉 형님은 자결하기 위해 목을 그었으나 실패하여 잡혔다는 소식에 주인은 또 말을 잃었다. 평소에도 말이 없던 터, 이제는 혀가 굳은 듯 아무 미동도 없다. 지켜보는 동지들도 답답해했다.

조선 한 귀퉁이에서 동지들이 감옥살이를 하고 있고, 중상을 입어 고통 속에 있는 박재혁 동지는 '왜놈의 손에 사형 당하느니 차리리 굶어 죽겠다'라며 단식하다 순국하고, 수봉이 형님도 사형이 확정되어 대구형무소에 최후를 맞이하였다고 한다.

박재혁과 최수봉의 죽음 소식이 전해지자 김익상 동지가 적의 심장부에 폭탄을 던지겠다며 길을 나섰다.

떠나는 동지들, 모두 다시 만날 기약이 없는 사람들이다. 내 주인은 그들을 국내로 보낼 때마다 피눈물을 쏟는다. 그래도 다른 이들에게 눈물을 보일 수 없다. 자신이 무너지면 모두가 무너지기 때문에…. 지그시 깨문 주인의 입술에 자국만 남을 뿐이다.

김익상 동지는 기지를 발휘하며 무사히 서울에 도착하였다고 한다. "그의 일본어 솜씨야 의열단원 중에도 최고이니 일본 경찰을 능히 속이고도 남았을 거야."라며 주인은 안심을 하였다.

그리고 김익상 동지가 적의 심장부인 조선총독부에 폭탄을 던졌다는 소식이 전해졌다. 그를 찾기 위해 조선 땅 전체가 발칵 뒤집혔다고 하는 걸 보면 다행히 잡히지 않은 모양이다. 일주일 후 김익상 동지가 북경에 나타났다. 모두들 귀신을 만난 듯 동공이 확장되었다. 잠시 후 그들은 뜨거운 포옹을 하였다.

죽지 않고 살아 돌아온다는 것은 의열단원에게는 사치스러운 생각이다. 아무도 그런 생각을 하지 않는다. 그런데 그가 살아 돌아왔다. 기적이었다.

해가 바뀌자 다나카 기이치전중의일-田中義一가 상하이에 올 것이라는 소문이 돌았다. 그는 간도 지방의 우리 동포를 무참히 학살한 원흉이다. 그런 그가 필리핀에서 상하이를 거쳐 일본으로 귀국할 것이라는 말에 의열단원들의 눈빛이 반짝인다. 저마다 '이번에는 내 차례다'라고 한다. 우리 주인은 또 고민에 휩싸인다.

"왜들 이리 난리지!"

"저 사람들은 죽지 못해 안달난 사람들 같아."

이번에는 1차 밀양의거 때 제 역할을 다하지 못하였다고 자책하는 이종암, 조선총독을 죽이지 못한 것에 대한 미련을 이야기하며 자신이 꼭 해야 한다고 주장하는 김익상, 게다가 권총의 귀재로 알려진 오성륜까지 나선다. 나는 긴 하품을 하며 머리를 맞대어 논의하는 그들을 지켜보았다.

제1선은 오성륜, 제2선은 김익상, 그리고 마지막은 이종암 동지가 맡기로 한 모양이다. 주인과 세 사람은 머리를 맞대고 총알에다 칼끝으로 십자 모양을 새겼다. 적을 관통한 총알이 몸을 뚫고 나가 일반 시민들에게 박히는 피해를 주지 않기 위한 것이라 한다. 조국 광복을 위해 원수 놈들에게는 냉혹하나 다른 사람들에게 고통을 주지 않으려 하는 저것이 의열정신이겠지.

드디어 황포탄와이탄에 다나카 기이치가 나타났다. 수많은 환영객들에게 두 손을 번쩍 들어 화답하며 배에서 내리는 그를 향해 오성륜의 권총이 불을 뿜었으나, 웬 서양 여자가 갑자기 달려 나와 대신 총을 맞았다. 아마 신혼여행 중 남편과 술래잡기를 하고 있었던 모양이다.

쓰러지는 서양 여자스나이더 부인를 뒤로하고 허겁지겁 하선하여 차에 오르려고 달리는 다나카를 향해 김익상의 총알도 날아갔으나 그의 모자에 적중하였다. 차에 오르려는 순간 이종암이 던진 수류탄도 터지지 않자 옆에 서 있던 외국 군인이 발로 차 바다에 넣어 버렸다.

동지들을 피신시키기 위해 자전거를 준비해 대기 중이던 우리 주인의 눈은 도망가는 그 세 사람을 쫓기에 바쁘다. 끝내 잡힌 오성륜과 김익상! 그나마 다행인 것은 이종암 동지는 무사히 피신하였다.

주인은 피눈물을 삼켰다.

"또 동지들을 사지로 몰아넣었구나."

내 가슴도 함께 미어진다.

이 일로 인해 국제적인 비난이 일자 주인이 서둘러 북경으로 내달렸다. 류자명 동지와 함께 단재 신채호 선생을 만나러 간다고 하였다. 신채호 선생은 북경에서 집필 활동을 하시면서 독립운동을 하시고 계신지라 우리 주인은 직접 선생을 찾았다.

주인이 선생 앞에 엎드려 넙죽 절한다.

"약산 김원봉이라 하옵니다."

신채호 선생의 눈이 커진다.

신채호 선생은 "이토록 젊은 동지가 그 험한 일을 해내고 있다는 말인가? 믿을 수가 없구먼." 하시면서 주인의 두 손을 꼭 잡는다. 잡고 있는 내 손이 아프다. 너무 반가운 모양이다. 아니 이토록 장한 일을 해내고 있는 주인이 선생은 너무나 자랑스러운가 보다. 두 사람은 뭐라 한참 대화를 나눈 뒤 헤어졌다. 곧 상하이로 오시겠다는 말만 들었다.

얼마 뒤 상하이로 오신 신채호 선생이 집필에 들어갔다. 의열단원들을 위해 뭔가 쓰고 계신다고 한다.

떨리는 목소리로 읽어가는 주인의 소리는 점점 뜻을 알아들을 수 없었고 급기야는 울음 섞인 어투로 의열단선언문을 읽었다. 동지들의 눈에도 눈물이 가득했다. 이토록 힘찬 문장을 단기간에 단재 선생이 단원들을 위해 만드시다니!

외교독립노선 안 돼! 실력양성 안 돼! 문화운동 안 돼! 오직 민중폭력 혁명만이 조선의 독립을 가져올 수 있다는 말씀!

"인류로써 인류를 압박지 못하며, 사회로써 사회를 박삭지 못하는 이상적 조선을 건설할지니라."라고 마지막 문장을 주인이 외치자 모두들 기립 박수와 함께 눈물을 훔쳤다. 우리 단원들의 정신이 담긴 선언서가 만들어졌다며, 이제부터는 이것을 강도 일본에게 보여 주어야 한다고 힘주어 말하였다.

그 뒤 김상옥 동지, 김시현 동지, 이종암 동지와 밀양의 여러 동지들이 목숨을 걸고 적진을 향해 나아갔다. 그리고 그들은 적에게 굴하지 않았고, 자신의 목숨조차 연연해하지 않았다.

그러나 이토록 많은 희생을 하여도 끄떡하지 않는 일제! 나의 주인은 동지들과 오랫동안 논의를 하였다.

'김지섭 동지! 헤진 내의 한 벌을 입고 동경으로 향하였던 그를 어찌 잊으리.'

이제 더 이상의 희생은 막아야 한다.

그래서 동지들과 주인은 광동으로 향하였다. 그곳에 설립된 황포군관학교에 입학하기 위해서라고 하였다. 중국 국민당과 공산당이 합작해 황포도라는 섬에 설립한 중앙육군사관학교에 의열단원들이 입교한 것이다. 졸업하면 중국군 장교로서 생활한다고 한다. 아마 본격적인 전술과 전략을 배울 모양이다. 주인은 여러 동지들과 함께 4기 보병과에 입학하였다. 가명으로 최림이라는 이름을 사용하였다. 군복 입은 주인의 모습은 더 멋졌다.

중국군 소위로 임명되어 중국군이 지급한 무기를 소지하고 동료들과 함께 복무하게 된 나의 주인은 '우리 동지들도 이런 무기로 무장한 군대를 만들면 얼마나 좋을까'라고 늘 생각하였다.

1926년부터 광동에서 활동하던 많은 동지들이 피를 흘렸다고 주인은 계속 침울하다. 억울하게 죽음을 맞는 동지들을 보며 의열단 본부를 어디론가 옮겨가야 하지 않을까 고민하면서, 출옥해 밀양 땅에 있을 세주 도령을 그리워하였다.

"만약 그라면 어떻게 하였을까? 지금 내 곁에 있어 주면 참으로 힘이 될 텐데."

내 주인은 부질없는 소망을 가진 것 같다. 그러나 그 그리움의 깊이를 알기에 가만히 주인을 지켜보았다.

1929년경 북경으로 이동한 주인은 여러 사람들과 또 무슨 일을 꾸미나 보다. 안광천이라는 사람과 자주 마주 앉아 학교 설립에 대한 이야기를 하였다.

드디어 개교한 학교의 이름은 발음하기도 어렵다. 레닌주의정치학교라나. 그런데 이 학교에 예쁜 여성이 왔다. 조선에서 근우회 활동과 학생운동 선동으로 체포되어 고문을 받던 중 병보석으로 풀려나 북경으로 왔다는 그녀는 의열단원 박문호의 여동생이었다. 들리는 이야기로는 이 집안도 모두 독립운동을 하는 대단한 집안이라 한다. 그러고 보니 약수 김두전 선생과도 연관이 있는 듯하다.

그녀 이름은 박차정이다. 당당히 자신을 밝히고 조국의 독립을 위해 자신의 목숨을 내놓겠다고 이야기하였다. 나는 신기한 듯 그녀의 눈을 바라보았다.

"조선에도 이런 멋진 여성이 있구나."

주인은 그녀에게 함께 학교를 꾸려 나갈 것을 청하였다. 흔쾌히 허락하는 그녀의 눈에는 나의 주인이 조금은 맘에 든 듯 보였다. 그러나 둘은 무심한 듯, 유심한 듯 하루하루를 바쁘게 보냈다.

어느 날 주인은 복잡한 머리를 식힐 겸 학교 밖을 나와 잠시 산책을 하였다. 길게 늘어선 나를 잠시 보더니 주인은 하늘의 달을 올려다 보았다. 조국을 떠나 먼 이국땅에서 남의 나라 하늘을 제대로 올려다 본 적은 있었던가?

많은 생각들이 주인을 어지럽혔다. 그러자 주인은 뛰기 시작하였다. 육체적 단련은 정신적 고통에서 잠시 벗어나게 도와준다. 한참을 달리던 주인이 갑자기 배를 움켜잡았다.

"왜?"

나도 주인을 따라 꼬부라졌다.

겨우 눈을 뜬 주인이 돌멩이를 쥐고 한 건물의 창을 향해 던졌다. 빗나간 모양이다. 다시 정신을 차린 주인이 힘껏 돌을 던졌다. '쨍그랑' 소리가 났다. 나는 무서웠다. 그런데 고개를 내민 것은 박차정, 그녀였다. 쓰러진 주인을 발견한 그녀는 맨발로 달려와 주인을 살폈다. 그리곤 사람들을 불러 함께 병원으로 주인을 데리고 갔다. 맹장인지 뭔지란다. 주인은 고통 속에서 수술을 마쳤다. 나는 손으로 주인의 배를 만져 보았다.

주인은 평온히 잠들어 있다. 이렇게라도 잠시 쉬어야지.

잠시 후 깨어난 주인은 깜짝 놀랐다. 의자에 앉아 벽에 기댄 채 잠들어 있는 박차정을 본 것이다. 그리고는 자신이 돌을 던진 사실을 떠올렸다. 주인의 뒤척임에 깨어난 박차정은 다정한 눈빛으로 주인에게 있었던 일들을 이야기하였다. 그날 이후 두 사람의 눈빛은 내가 보기 민망할 정도였다. 괜히 눈을 감을 수밖에.

드디어 두 사람이 혼인을 한단다. 남의 나라에서 독립운동 하는 처지라 조촐한 결혼식이었으나, 비장한 두 사람은 부부로 살기보다는 동지로 살기로 언약하였나 보다.

9.18사변으로 일본군이 만주에 진군하였다고 한다. 그리고 이듬해 초에 상하이에서도 사변이 일어나 일본군이 상하이를 점령하였다.

4월 스무아흐렛날 매헌 윤봉길이라는 스물다섯 살 된 조선 청년이 홍구홍커우공원에서 폭탄을 던졌는데, 일제의 고관들이 엄청 죽었다는 소문이 돌았다. '한인애국단'이라는 백범 김구 선생이 이끌던 단체에 소속된 사람이라고 한다. 주인은 마치 의열단원이 성공한 것처럼 기뻐하였다.

"일본 놈들 혼쭐났을 거야."

그런데 이 일 때문에 상하이에 있던 대한민국임시정부는 물론이고 조선인들의 목숨이 위태해졌다. 모두들 새로운 보금자리를 찾아 떠나기 시작하였다. 주인과 아내인 박차정도 궁리를 하였다. 남경으로 가기로 한 모양이다. 결심하면 바로 행동으로 옮기는 나의 주인의 결단력은 이번에도 빛났다.

"이제는 우리의 용사들을 우리 손으로 길러내야 하지 않을까?"라는 주인의 목소리가 들렸다. 황포군관학교에서 배운 것을 우리 투사들을 교육하는 데 활용하려나 보다. 주인은 지그시 동북을 향해 눈을 든다.

"세주 동지는 무엇을 하고 있을까? 그가 온다면 얼마나 좋을까?"

주인은 고향에 있는 세주 도령에게 기별을 한 모양이다.

유달리 더운 여름 날, 주인의 작고 낡은 집에 누군가 들어섰다.

"행님! 저 세주 왔습니다."

귀를 의심하면서도 용수철처럼 몸을 일으켰다. 뛰쳐나간 주인 앞에는 세주 도령이 서 있었다. 두 사람은 서로를 쳐다보다 힘껏 껴안았다. 사이에 낀 나는 숨이 막힌다. 그렇게 서로를 확인한 후 세주 도령이 말하였다.

"행님 옆에 계신 이 분은 뉘신지?"

그제서야 우리 주인, 정신을 차린 듯 "세주 아우 나 그동안 혼인하였네."라며 아내를 소개하였다.

세주 도령이 넙쭉 절하며 "행수님 잘 부탁합니더." 한다.

이에 "제가 더 부탁드립니다."라며 박차정이 말하였다.

돌아선 세주 도령이 말하였다.

"행님 나 아버지됐다오. 아들이오. 이름은 남선, 4살인데…. 행님 연락을 받고 집을 나서려니 그놈이 제일 눈에 밟혔다오."

내 주인의 눈에 눈물이 가득하다. 어린 아들을 뒤로하고 또다시 망명하라고 종용하였으니.

"그래도 아우 잘 오셨네. 아우랑 함께 이제는 우리 손으로 일제 강도를 몰아낼 인재들을 길러 내세. 일당백의 용사들을 우리 손으로 교육하세나."

그런데 세주 도령은 한사코 반대다. 그 자신이 학생으로 배워야 한다면서. 그리고 함께 온 사람을 주인에게 소개하였다. 국내에서 신문기자로 활동하면서 알게 된 동지라며 안동 사람이라 하였다. 참 총명한 눈빛을 가진 청년이었다. 이름은 원록이라 하고 수인번호를 호로 사용하는 이육사라 하였다. 세주 도령과 함께 학생이 되겠다고 하였다. 둘이 함께 서 있는 모습이 참 아름답다. 시를 쓰는 사람이라 하였다. 그래서 그렇게 깊은 눈동자를 가지고 있나 보다.

이렇게 시작된 조선혁명군사정치간부학교는 3기에 걸쳐 졸업생 125명을 배출하였다. 일제의 눈을 피해 학교를 세 번이나 옮겨야 하였으나 누구 하나 불평하지 않았다. 부인 박차정은 임철애라는 이름으로 활동하면서 교관으로서 학생들의 누나 겸 엄마의 역할을 자처하였다.

잊을 수 없었던 것은 2기부터 교관으로 활동하던 세주 도령의 졸업식 훈화 말이다. 화 한 번 내지 않고 언제나 차분하게 상대를 설득하던 그 샌님이 졸업식 날 제자들을 향해 일성을 질렀다.

"지난 투쟁사를 볼 때 우리 동지들의 희생은 매우 큰 것이었습니다. 그 희생은 지도 및 투쟁 수단의 졸렬함에 기인한바 많았으나, 제군의 선배 중에는 교수대의 이슬로 사라진 이가 적지 않았고, 이들 선각자들은 우리 민족운동의 존귀한 희생자가 되었습니다. 이들 영령을 위로하는 의미에서도 몸을 던져 혁명운동에 매진할 각오와 신중한 수단이 요구되니, 제군은 동지를 위하여 혁명을 위하여 죽었다고 말해짐을 두려워하지 마십시오."

마지막을 힘주어 말하던 도령의 모습은 평생 잊지 못할 것 같다.

다시 만난 두 사람은 을강 전홍표 선생과 백민 황상규 선생의 죽음에 대해 이야기하며 그 분들의 뜻을 꼭 이루자고 다짐하였다.

두 사람의 걸음이 바빠지고 만나는 사람들이 많아졌다. 나는 주인이 만나는 사람을 기억조차 할 수 없었다.

1935년 7월 어느 날, 금릉대학의 고즈넉한 장소에 수많은 사람들이 모였다. 모두들 웅성이며 식이 시작되길 기다렸다. 세주 도령이 말하였다. 중국에서 활동하는 대부분의 독립운동 단체들이 오늘 '민족혁명당'을 만들었다고. 주의主義도 사상思想도 조국 해방이라는 큰 뜻 아래 다 내려놓자고, 그리고 일제 강도와 맞서 싸우자고. 모두들 환호성을 지르며 기뻐하였다. 나의 주인이 대표자인 총서기가 되었다. 사람들이 주인을 찾아와 손을 맞잡으며, 고생하라 말하였다.

나는 주인이 평안히 쉬길 바랐다. 언제나 달리는 주인은 나마저도 힘들게 하였다. 그런데 이제는 더욱 바빠지게 생겼으니, 나는 왠지 기쁘지 않았다.

폭풍전야처럼 남경에서의 하루하루가 평안하였다. 동지들을 만나 이야기하거나 세주 도령을 딴 곳으로 보내 군사 훈련을 시킨다든가, 또 최창익인지 김성숙인지 여러 사람들과 만났다.

그런데 일본군과 중국군이 노구교에서 서로 총질을 하였다는 소식과 함께 두 나라가 전쟁을 선포하였다는 이야기가 전해 왔다. 주인의 발걸음은 이제껏 본 적 없는 속도로 움직이기 시작하였다. 황포군관학교 시절 알게 된 등걸이라는 중국인 친구를 찾아가 서류를 내밀었다. 고개를 갸우뚱하는 그에게 주인은 끊임없이 부탁하였다. 그러더니 조선인만의 군대가 생긴다고 주인과 동지들이 만세를 불렀다.

다른 나라 안에서 조선인들만의 군대라! 꿈만 같다던 주인은 중국 국민당 사람들과 군관학교 스승이었던 저우언라이주은래를 만나면서 군대 창설을 도모하였다. 이 얼마나 꿈꾸던 일이더냐며 부인의 손을 잡고 기뻐하였다. 그리곤 노래하였다.

두 사람이 가장 좋아하는 시詩이다.

사랑이여! / 그대를 위해서라면 / 내 목숨마저 바치리 /

그러나, 사랑이여! / 조국의 자유를 위해서라면 / 내 그대마저 바치리

헝가리의 시인 페테피의 시다.

부인 박차정은 당연한 일이라며 자신도 그렇게 할 것이라 하였다. 못 말리는 부창부수夫唱婦隨다.

'조선의용대'라 이름한 군대가 만들어졌다. 주인은 '조선의용군'이길 내심 바라고 있었다. 그러나 중국은 남경을 함락당한 뒤 일본이 저지른 만행을 함께 막아 내기 위해서는 조선인의 도움이 필요하지만 조선인의 군대가 커지는 것은 결코 원하지 않았다. 그리하여 비전투부대를 상징하는 '구대' 2개만으로 출발하는 조선의용대를 허용하였다.

일본의 만행이 더욱 심해지고 더 많은 조선인들이 의용대에 지원하자, 1년 뒤 군사적 성격이 강한 '지대'로 이름을 바꾸었다. 조선의 젊은이라면 누구나 이 부대에 들어오고 싶어 하였다. 그리고 고달프지만 함께 일본군을 몰아내고 압록강을 건너 조국의 땅을 밟고자 소망하였다.

무한武漢이 함락의 위기에 처하자 조선의용대원들은 마치 조국을 수호하듯 자신들의 목숨을 내놓고 적진 가까이에서 콜타르 페인트로 표어를 쓰는 등 무한 방어전에 참가하였다. 주인은 부하들의 안위가 걱정이라 안절부절이었다. 이를 두고 중국의 사상가 곽말약은 『홍파곡』에서 자신의 참담함을 이야기하였다. 중국인 중에도 일본어를 아는 사람이 수십만이나 될 텐데 조선의용대 용사들만 죽을 각오로 일을 하니 그는 조선의용대원을 진정한 벗이라 말하였다.

부인 박차정은 '부녀복무단'을 조직해서 아낙네들도 총을 들고 싸우겠다며 훈련을 자처하였다.

이처럼 조선의용대가 일제와 싸우려 노력해도 일본군과 전투다운 전투 없이 중국 국민당 군대와 함께 후퇴하자 중경으로 이동한 부대원들 사이에 불평이 쏟아져 나오기 시작하였다. 더구나 중국 국민당은 대한민국임시정부 산하에 한국광복군을 조직하였다. 지청천이 총사령인 이 군대로 인해 조선인의 군대가 둘이 되었다. 이것이 우리 주인과 조선의용대원들의 입지를 약화시켰다.

그러자 일본군과 싸우기보다는 대적선전 사업이나, 암호 해독 등을 맡은 대원들이 직접 일본군과 싸워 내 조국으로 돌아가고 싶다는 소리를 높였다. 조선의용대원 모두의 뜻이지만, 중국 국민당은 조선의용대가 화북으로 가 중국 공산당의 군대인 팔로군과 연합하는 것을 원치 않았다. 이런 와중에 조선의용대원들이 모여 확대간부회의를 열었다. 이들의 소망은 일제와 직접 싸우고 압록강을 건너 조국으로 가는 것이었다. 간부회의의 결과 부대의 대부분을 화북 지역으로 옮기기로 하였다.

그러나 나의 주인은 갈 수가 없다고 하였다. 모두를 보낼 수는 있으나 자신이 떠나면 국민당의 오해를 불러일으켜 부하들에게 어떤 일이 일어날지 모르니 자신은 중경에 남아 대원들의 가족들을 무사히 지키겠다고 하였다. 그리고 부하들을 우리 동포들이 많이 살고 있는 화북 지방으로 무사히 이동시킬 것이라 하였다.

각 전투 지역에 흩어져 있는 조선의용대원들은 각자의 위치에서 타이항산이라는 곳으로 이동한다고 하였다. 중경에 있는 조선의용대 본부지대의 요원들과 1, 3지대의 대원들이 1941년 1월 1일 아침 떠나기로 한 모양이다.

드디어 이별의 순간이다. 1938년 말경 중국에 오게 된 세주 도령의 부인과 아들 남선도 함께 섰다. 남선은 이곳에서 용문이라고 불렸다. 열세 살 된 그는 이제 제법 어른 티가 나는 듯하였다. 아버지를 만난 지 3년이 채 되지 않았기에 남선 도련님은 떠나신다는 아버지를 애타게 쳐다만 봤다. 어머니 하소악 여사의 쏟아지는 눈물 때문인지 아무 말도 하지 못하였다.

그 사이 호를 석정石鼎으로 정한 세주 도령은 주인의 손을 잡았다.

"형님, 금년에는 화북 지방을, 내년에는 압록강을, 내후년에는 조국의 일제 놈들을 다 몰아낼 터이니 그때 만납시다."

"내 마음은 언제나 아우와 함께 있음을 자네도 알 것이네. 해방된 조국에서 진하게 술 한 잔 하시게나."

말이 필요 없는 사이다. 괜히 나만 눈물 바람이다.

돌아선 석정 도령은 부인과 아들을 그윽한 눈으로 바라보며 눈으로 무엇인가를 말하고 돌아섰다.

민생호를 타고 떠나는 그들을 뒤에서 바라보는 주인의 눈시울이 붉다. 부하들이 있을 땐 그리 담담하더니! 돌아서서 석정 도령의 아내 하소악 여사에게 미안한 눈빛을 한다. 그리고 고개 숙여 절을 하고 무거운 발걸음을 옮겼다.

부인 박차정 여사가 적의 총에 맞아 늘 병석에 누워 지내는데, 이제 가장 아끼고 사랑하는 동지마저 화북으로 보내니 주인은 술 생각이 간절한가 보다. 집에 돌아오니 3.1소년단장인 최동선이 주인의 마음을 아는 듯 조촐한 술상을 봐 났다. 친구의 딸인데 부인의 병간호를 해 주고 있으니 더 없이 고마울 따름이다. 멀찍이 앉아 주인을 지켜보는 소년단장은 늘 웃는 씩씩한 아이다. 부인의 병간호와 주인의 수발을 들면서도 얼굴 한 번 찡그리지 않았다. 그저 다소곳하게 주인과 부인 박차정을 돌보았다. 먼저 생각하고 준비하고 배려하는 소년단장 덕분에 부인과 주인은 비교적 평화로운 나날을 보낼 수 있었다.

독한 술 한 잔을 들고 보니 석정 도령의 목소리가 들리는 듯 술을 권한다.

"아우! 한 잔 하시게나."

이 모습을 물끄러미 바라보는 부인 박차정의 눈시울이 뜨겁다.

조선의용대 화북지대 정치위원으로 보낸 아우 세주는 늘 주인의 언덕이었다. 어리지만 사려 깊어 형의 마음을 알아주었고, 어머니처럼 대원들을 돌봐 주었다. 그 마음으로 그들과 함께할 것임을 알기에 마음이 놓였으나, 그 때문에 먼저 적진을 향해 돌진할지도 모를 상황이 일어나지 않길 바랄 뿐이었다.

조선의용대원들이 중국 공산당이 있는 화북으로 진출하였다는 소식을 접한 국민당은 주인을 노골적으로 적대시하였다. 1940년에는 조선의용대가 있음에도 불구하고 임시정부 산하에 '한국광복군'을 창설하여 주인을 견제하더니 이제는 아예 싫어하는 티를 내었다. 주인이 가는 곳 모두가 가시방석이었다. 그러다 김규식 선생과 의논하여 임시정부와 연합하기로 하였단다.

내가 보기에는 주인을 별로 좋아하지 않는 김구 선생과 합친다고 하였다. 조국의 광복을 위해서는 어쩔 수 없다며 주인은 김구 선생과 합칠 것을 계속 주장하였다. 주인은 한국광복군의 제1지대장 겸 부사령이 된다고 하였다. 총사령관인 지청천 장군은 주인의 신흥무관학교 시절 은사였다.

주인은 홀로 되면 언제나 북쪽 하늘에 시선을 고정하였다. 무엇엔가 홀린 듯 석정 도령을 걱정하고 그를 그리워하였다. 그가 떠난 지도 벌써 일 년 반이 지났다.

그러던 어느 날 석정과 함께 화북 지방으로 갔던 하진동 대원이 중경에 왔다. 뭔가 불길한 듯 주인은 숨을 멈춘다. 그리고 길게 내쉰다.

"어쩐 일인가?"

"대장님!"

말을 잇지 못하고 꿇어앉은 진동 대원의 어깨가 들썩인다. 주인은 순간 멈칫하며 하늘을 향해 고개를 돌린다. 울지 않으려, 울지 않으리라 주인은 눈만 깜빡였다.

"이 일을 어떻게 제수씨에게 알리누."

주인의 걱정은 하소악 여사와 남선에게로 가 있었다.

하진동을 따라 나서는 하소악 여사와 이제 열네 살이 된 남선 도련님이 아주 작은 점이 되어 사라질 때까지 주인은 눈을 떼지 못하였다.

'어쩌면 이들과도 마지막이 아닐른지?'

주인은 방에 틀어박혀 무엇인가 쓰고 있다. '석정 동지 약사'라 적힌 걸 보니 석정 도령을 그리워하며 쓰는 것인가 보다.

몇 자 쓰고 어깨를 들썩인다. 눈물이 앞을 가려 글을 쓸 수가 없나보다. 주인은 믿을 수 없는 듯 가슴을 쳤다. 내 손이 주인의 가슴을 멍들게 하고 있다.

"이를 어쩌누!"

몇 자 적다 다시 종이를 구긴다. 떨어진 눈물이 잉크를 번지게 하여 글씨를 알아볼 수가 없었다. 몇 번이고 반복되더니 드디어 펜을 놓았다.

> 석정 동지의 원명은 윤세주이다. 그의 고향 즉, 나의 고향은 조선 경상남도 밀양군 성내이며 그의 집과 나의 집은 상거가 불과 지척 간이다. 우리들은 어려서부터 한곳에서 놀고 한곳에서 자라났다. 그는 나보다 두 살 아래이며 우리는 8, 9세부터 한 학교에서 독서하였다. (…) 그가 죽은 후 이미 만 1주년이 되는 금일 전 세계 반파시스트의 소식이 분분히 전하여 오지만 우리 조선독립운동은 아직도 응유의 발전을 하지 못하고 있다. 이러한 때에 그를 추도하며 화북 동지들을 요억遙憶, 회상하며 기억하다할 때에

> 사람으로 하여금 무한한 감회를 금치 못하게 한다. 그러나 동시에 우리들은 후사자의 중대한 책임을 느끼게 된다. 우리는 오직 석정 동지의 혁명정신을 학습하고 그의 혈적을 밟아 전진하여 그의 미완성한 유업을 완성할 뿐이다.

이 긴 글은 『앞길』이라는 잡지에 실려 독립운동가는 물론 수많은 중국인들의 가슴을 아프게 하였다. 나라를 다시 찾는다면 석정 도령의 후손들은 이 글을 통해 그가 어떤 일들을 하였는지 알게 되지 않을까?

주인이 화북 지방으로 가지 못한 것은 동지들의 가족들을 지켜야 하고 조선의용대원들을 안전하게 화북 지방으로 이동시키기 위함 이었다. 중국 국민당과 대한민국임시정부의 사람들을 속이기 위해 남아 있어야 하였던 것이다. 그러나 '그때 석정 도령과 함께 화북 지방으로 갔었더라면' 하는 생각을 하고 있는 듯하다. 주인은 시름시름 앓고 있는 부인을 보며 화북으로 이동해 간 동지들의 가족들을 무사히 지키고 이들과 함께 조국으로 돌아가는 것이 그들을 위하는 길이라 생각하며 마음을 다잡았다. 그리고 영국군과 연합하여 강도 일본을 몰아내는 데 힘을 쏟았다.

석정 도령이 주인을 떠나 화북으로 이동한 후 한 젊은 동지가 석정처럼 주인의 마음을 읽어 주고 그의 적극적인 지지자가 되어 주었다.

한지성이라 불린 이 잘생긴 청년은 영어에 능통하고 조국의 독립을 위해 목숨을 바치는 것에 조금의 망설임이 없는, 정말 석정을 꼭 빼닮은 멋쟁이였다.

제2차세계대전이 동남아시아 전선으로 이어져 일본군과 연합군의 전선이 확대되자 한국광복군에 소속되어 있던 주인은 한지성을 인도와 미얀마 전선에 보내 영국군과 함께 작전인면전구공작대을 수행하도록 하였고, 영국군에 잡힌 포로들 중 조선인 350여 명을 귀환시키는 일을 하도록 하였다.

종래 석정 도령이 하던 일을 이 젊은이가 대신 해주고 있었다. 주인의 눈에도 예전의 결기가 다시 느껴졌다. 석정 도령의 죽음이 헛되지 않게 하려면 우리 모두 스스로의 목숨을 내놓아야 함을 강조하였다. 그리고 머지않아 일본이 항복할 것이며, 조국으로 돌아가 그리운 가족들을 만날 수 있을 것이라 대원들을 격려하며 스스로를 돌아보았다.

전쟁이 막바지로 접어드는 1944년 임시정부는 통치체제를 바꾸었다. 주석·부주석제로 개편되면서 주인과 함께 임시정부와 통합에 힘쓴 김규식 선생이 부주석이 되었고, 주인은 한국광복군을 총지휘할 수 있는 위치인 군무부장지금의 국방부장관이 되었다.

그런데 부인 박차정의 병세가 심상치 않다. 늘 웃던 그녀가 주인을 보며 애처로운 눈빛을 하였다. 먼 길을 혼자 떠나려나 보다. 그러나 주인은 그녀와 함께 조국으로 돌아갈 것이라며 부인의 손을 놓지 않았다. 최동선 단장이 끓여 준 미음을 떠 넣어 주며 제발 힘내라며 눈시울을 붉혔다. 그러나 그녀는 점점 쇠약해져 갔다.

5월 어느 날 부인 박차정이 나의 주인과 최동선 단장을 곁으로 불렀다. 나도 조용히 옆에 앉았다. '무슨 말을 하시려나?' 생각하며 그녀를 살폈다. 그녀는 숨을 몰아쉬더니 두 사람의 손을 잡고 눈물을 삼켰다.

"건강치 못한 나 때문에 두 사람의 고통이 너무 컸소. 미안하오."

"단장은 우리 약산을 나대신 돌봐 주오. 나를 괘념치 말고 그와 혼인하여 그에게 아이 아버지가 될 수 있도록 해 주시게. 이게 나의 마지막 부탁일세."

그리고 남편인 나의 주인에게로 고개를 돌렸다.

"여보! 당신과 함께 지냈던 모든 순간이 나를 늘 가슴 뛰게 하였소. 같은 목표를 향해 함께 걸어올 수 있어서 너무나 행복하였소. 이제 일본군도 물러날 테니 당신 닮은 아들을 낳아 보통의 아버지처럼 살았으면 하오."

마지막 숨을 내쉬듯 그녀는 힘을 주어 주인의 손을 잡았다. 그 아픔이 내게도 전해 왔다. 한 번도 싸우지 않고 오직 조국과 동지들을 걱정하던 두 사람이 이제야 서로의 이야기를 하였다. 사랑하지만 독립을 위한 투쟁이 우선이었던 두 사람! 참 귀한 인연이었다.

주인은 그녀를 품에 안았다. 그녀는 행복한 듯 주인의 품에서 조용히 숨을 거두어 들였다. 주인은 울지 않았다. 남편으로서가 아닌 동지로 살았던 세월이었다. 조금만 버텨 주었더라면 하는 마음이야 오죽

하라마는 그는 입술을 깨물고 그녀를 중경에 있는 화상산에 묻었다.

"해방이 되면 꼭 그녀와 함께 고향으로 가야지!"

많은 사람들이 주인을 독촉하였다.

"부인의 유언도 있었고, 이제는 가정을 꾸려도 되지 않겠느냐."

"일제가 물러날 날이 멀지 않았어."

각각의 이야기로 주인의 맘은 복잡하다.

최동선, 그녀는 누구인가? 민족혁명당 시절 감찰부장을 하였으며 함께 독립운동을 하고 있는 동지 최석순의 딸이 아닌가? 아무리 그래도 그녀와 결혼한다는 것은 말이 되지 않는다. 그런데 백범 김구를 비롯한 사람들이 주인에게 당부를 한다. 당사자인 최동선도 주인과의 혼례를 싫어하지 않는 듯 보였다.

1945년 1월, 주인은 백범의 주례로 결혼식을 하였다. 같은 날, 그와 함께 결혼식을 한 또 한 쌍의 부부는 그를 늘 따르던 한지성과 안공근의 따님인 안금생이다. 두 쌍의 독립투사 부부가 서로를 쳐다보며 웃었다. 주인의 얼굴에서 이처럼 환한 미소를 본 적이 언제였던가.

주인은 머지않아 일본이 항복할 경우 직접 조선으로 가 우리의 손으로 일본군의 항복을 받아야 한다고 생각하고 국내정진군을 편성하였다. 미국 전략첩보부대OSS의 도움을 받아 비행 및 낙하 훈련을 하였다. 우리 손으로 조선 총독의 항복을 받아야만 진정한 해방이 될 수 있을 것이라는 생각이 주인의 밤을 하얗게 만들었다.

"행여 우리 손으로 항복을 받지 못하면 어찌할까?"

밤을 하얗게 지새다 보니 주인의 눈은 늘 충혈되어 있다.

국내로 들어가려는 정진군의 진입 날짜가 잡혔다고 한다. 9월에 국내로 들어간다고 한다. 주인은 감격에 젖어 있었다.

그런데 갑자기 일본이 항복하였다고 한다. 거대한 폭탄이 일본에 떨어졌다고 하는데 그것이 무엇인지 모두들 궁금한가 보다. 원자폭탄이라고도 하고 그 불기둥이 하늘까지 닿았다는 이야기도 들린다. 주인은 안절부절하였다.

“우리의 군대가 조선에 직접 가서 총독의 항복을 받아야 하는데….”

“1차대전 때처럼 강대국들 마음대로 우리나라의 운명을 결정하게 둘 수는 없어.”

방안을 왔다 갔다 하는 주인의 발걸음이 너무 무겁다. 밟힌 나의 온몸이 으스러질 것만 같다.

“이것이 우리나라의 운명이란 말인가?”

모두들 귀국 준비에 바쁘다. 그러나 나의 주인은 점점 배가 불러오는 아내가 걱정이다. 그리고 해방된 고국에 부인 박차정의 유해도 가져가야 한다.

조국의 북쪽은 이미 소련군이 들어왔고, 남쪽은 미군이 정치를 한다는 소식에 절망하였다. 빨리 조국으로 돌아가고 싶으나 미국이 허락하지 않으면 갈 수 없다고 한다. 해방된 조국에 내 마음대로 갈 수 없는 현실이 답답하다.

조국이 가까운 상하이로 이동하였다. 고국으로 들어가는 비행기가 빨리 마련되지 않는다. 찌개를 시켜 놓고 젊은이들과 술잔을 마주한 주인은 그들이 바라는 조국은 어떤 나라인지 듣고 있다. 저마다 하고 싶은 일들과 이런 나라가 되길 바라는 소망을 이야기한다. 주인은 그들의 이야기에 귀 기울이며 이런 젊은이 모두가 잘 사는 세상이 꼭 올 것이라 말하였다.

미국에서 작은 비행기를 보내 와 서로 귀국하겠다고 난리다. 주인은 김구 선생을 비롯한 여러 사람들에게 양보하였다. 그리고 12월 2일, 만삭이 된 아내를 두고 상하이를 떠나 조국행 비행기에 올랐다. 1918년에 떠난 조국이니 몇 년 만인가?

주인은 부인 박차정의 유골을 품에 안고 전라북도 옥구 비행장에 내렸다. 서울에 폭설이 내려 옥구 비행장에 오게 되었다고 누군가 전하였다. 미군정이 군용 트럭을 보내 짐칸에 실려 서울로 향하였다. 그야말로 짐짝 취급이었다.

진눈깨비가 내리는 추운 겨울, 흙먼지와 진눈깨비가 주인과 여러 임시정부 요인들의 얼굴에 내려 서로의 얼굴을 보며 웃을 수도 울 수도 없었다. 미군은 이들을 포로 취급하였고 밥도 주지 않았다. 손발과 얼굴이 얼어 얼얼하고 눈썹과 머리 위에는 먼지와 눈이 쌓여 도저히 갈 수 없노라고 여러 사람이 소리쳤다. 그러자 미군은 논산의 여관에 이들을 내려놓았다.

들리는 말에 의하면 미군은 해방군으로 한반도에 온 것이 아니라 점령군이라며 포고문을 내렸다고 한다. 그래서일까? 주인의 눈에는 해방된 조국의 앞날이 왠지 불안해 보였다. 모두 공감하는 듯 말이 없었다.

어렵게 서울로 올라왔다. 며칠 뒤 고향에서 아버지와 작은아버지께서 오셨다. 주인의 귀국 소식을 신문을 통해 알게 되었다며, "죽지 않고 살아 돌아와 너무 고맙다."라며 아들의 어깨를 껴안았다.

사람들이 너도나도 '당'을 만든다고 몰려다닌다. 주인도 옛 동지들과 함께 '민주주의민족전선'을 결성하고 공동의장에 취임하였다. 매일매일이 숨 가쁠 정도로 바쁘다. 새로운 나라에 대한 희망 때문일 것이다. 이런 와중에 주인은 조용히 의열단 동지들의 집을 방문하였다. 주인의 한 마디 말에 자신의 목숨을 내놓았던 박재혁 동지, 김익상 동지, 김상옥 동지, 이종암 형님 등….

주인에 대한 원망이 가득한 눈으로 바라보는 그 가족들 앞에 무릎 꿇은 주인은 함께 죽지 못하고 자신만 살아 돌아왔음을 미안해하였다. 그 가족인들 우리 주인이 미웠을까. 그냥 함께 돌아오지 않은 내 아들이 보고 싶었던 것일 뿐.

드디어 고향 땅 밀양이다. 나도 주인을 따라 떠난 지 28년 만에 돌아오는 길이다. 창녕에서 밀양으로 넘어오는 고개에 수많은 사람들이 몰려와 차에서 내릴 수밖에 없었다. 모든 사람들이 우리 주인의 손 한 번 잡아 보거나 아니면 멀리서나마 얼굴이라도 보기 위해 까치발을 하였다. 괜히 내 어깨가 올라간다. 무안 고개를 넘어 밀양 시내가 보이는 곳에 이르니 브라스밴드 소리가 들렸다.

"내 주인이 대단하기는 한가 보다."

다음 날 수많은 사람이 모인 밀양공립보통학교지금의 밀양초등학교에서 의열단과 조선의용대의 활약을 소개하여 박수갈채를 받았다. 삼문 섬지금의 밀양시 삼문동이 박수와 환호 소리로 가라앉을 것만 같았다.

이후 주인은 부인 박차정의 유골을 고이 모셔 감내 뒷산에 안장하였다. 관을 짜고 태극기를 덮어 땅속으로 그녀를 보내며 묵념하였다. 주인이 그녀에게 읽어 주었던 시가 생각났다.

'사랑이여! 그대를 위해서라면 내 목숨마저 바치리. 그러나, 사랑이여! 조국의 자유를 위해서라면 내 그대마저 바치리.'

모든 사람들이 산을 내려가고 주인은 홀로 앉아 한 잔 술을 따르고 묘 앞에 두었다. 한 번도 그녀와 함께 고향 밀양에 온 적이 없었던 나의 주인은 죽어서 남편의 선산에 묻힌 그녀가 참으로 안쓰러웠다.

"무엇이 그리 급해 이리 갔소? 일 년만 버텼으면 일본 놈들 물러나는 것을 보았을 것을!"

부인과 함께한 세월을 떠올리는 듯 눈이 촉촉하였다. 그리곤 부산으로 내려가 핏덩이가 말라붙은 속적삼을 처남인 박문하에게 전해 주었다. 두 사람은 아무 말이 없었다.

중국에서 늦게 서울로 찾아온 최동선 단장이 잘 생긴 아기를 안고 왔다. 내 주인의 어릴 적 모습 그대로다. '중근'이라 하였다. 안중근 장군의 기상을 배우라고 이름 지었다. 똘망똘망한 그 아이의 눈을 보고 있는 주인의 모습이 행복하면서도 안쓰러워 보였다. 우리 나이 쉰을 앞둔 그가 몇 개월 되지 않은 아이의 아버지라는 사실이 슬프고, 아이의 재롱을 바라보는 그의 얼굴에 번져 가는 미소가 나를 웃게 만들었다.

서울에서의 주인은 늘 숨바꼭질 하듯 숨어 다녔다. 가족도 마찬가지였다.

'누가 해방된 나라에서 그들을 해치려 하는가?'

이른 아침 화장실에 앉아 있는 주인의 멱살을 누군가 휙 잡아챘다. 깜짝 놀라 일어서려 하나 엉거주춤하다. 일제강점기 동안 경찰로 활동하던 노덕술이 부하를 보내 내 주인을 잡으러 왔다. 주인의 성난 얼굴빛에 내 몸이 움츠러들었다.

"일제강점기 동안 일제 놈들에게도 잡힌 적이 없는데, 해방된 내 땅에서 그것도 친일하던 놈의 손에 잡히다니."

실핏줄이 터졌다. 눈에서 피가 흘러내렸다. 주인은 중부경찰서에 끌려가 한순간도 잠을 자지 않았다. '파업을 주도하였다'고들 하지만 주인은 다른 연유인 듯 잡혀 있었다. 바깥에서는 주인의 감금에 대해 말들이 많다고 하였다.

미군이 오더니 주인더러 나가라고 하였다. 열흘 동안 경찰서에 있었는데, 집으로 돌아오니 작은 기적이 일어나 있었다. 둘째 아들이 태어난 것이다. 주인은 이 사실을 절대 잊지 않고자 아이 이름을 '철근'이라 하였다. '철장 속에 갇힌 그 수모를 잊지 않겠다'라는 것이다.

그런데 동선 단장이 몸도 추스르지 못하면서 가방을 꾸려 놓았다. 산후조리는 사치였다. 또 누군가 들이닥칠지 몰라 싸 둔 짐은 주인의 가슴에 또 하나의 바람구멍을 만들었다. 매일 저녁 보이지 않는 적과의 숨바꼭질 놀이를 하던 중 여운형 선생이 암살당하였다는 소식을 들었다. 주인은 만사를 제쳐 두고 장례위원장을 맡아 가장 존경하는 분에 대한 예를 다하였다.

정국은 더욱 혼란한가 보다. 조선의 문제가 유엔까지 올라갔다는 소문이 들리고 남쪽에서만 선거를 한다는 이야기도 들렸다. 주인은 뭔가를 결심한 듯 부인과 두 아들을 북쪽으로 보냈다. 그리고 운전기사와 함께 1948년 4월 21일 열리는 남북제정당사회단체연석회의에 참석하기 위해 차에 올랐다.

38도선이라 새겨진 팻말 앞에서 내렸다. 그리고 그 팻말을 붙잡고 남쪽 하늘을 올려다봤다. 주인의 눈에 밀양강이 흐르고 영남루가 보이고 사랑하는 아버지와 형제들의 모습이 보인다. 그리고 잠시 보았던 막내 여동생의 귀여운 모습도 보인다. 오빠 찾아 서울에 왔다가 경찰서에서 고문을 받았다는 소문만 들었는데….

을강 선생님, 백민 선생님, 일봉 선생님, 회당 선생님, 수봉이 형님, 상윤이 형님, 병환 형님, 그리고 석정 동지여!

나의 주인은 팻말을 움켜잡았다. 한참 동안이나 말이 없던 주인은 눈물을 거두고 돌아섰다.

"가세, 한 동지."

밀양 영남루 전경.

주인과 한지성 동지는 서로의 어깨를 감싸며 고개를 숙였다. 두 사람의 발걸음에 밟히는 두 개의 그림자, 그것은 바로 나와 내 친구 한지성의 그림자였다.

그후

한지성은 경북 성주 출신으로 대구상고를 졸업한 후 "김구 선생을 찾아 독립운동하러 간다."라는 말만 가족들에게 남기고 훌쩍 조국을 떠났다. 1932년 여름경 중국으로 망명한 그는 남경에서 중앙정치학교 대학부를 졸업한 인재로 특히 영어 실력이 뛰어났다고 한다. 그는 조선청년전위동맹의 지도위원으로 활동하였으며 조선의용대가 창설되자 성자분교 출신이 아닌 사람으로 조선의용대에 참여하였다. 그는 조선의용대의 본부 전지통신원으로서 계림의 대본부와 각 전구를 왕래하면서 선전 활동과 포로 교육을 하였다. 특히 1939년 조선의용대 조직 개편 당시 정치조 선전주임과 편집위원회 중문간中文刊–당시 편집 위원회는 중문간과 한문간이 있었고, 석정 윤세주는 한문간의 주편임의 주편으로 조선의용대의 중국어본 선전물 발간을 주관하였다. 1941년 이후 조선의용대 외교주임의 직책을 통해 홍콩, 싱가포르, 마닐라 등지로 다니면서 조선의용대의 공작 정형과 조선의 국정 및 일제 통치하의 실정을 선전하여 반일운동을 강화하는 데 기여하였다. 특히 인면전구공작대의 대표로 파견되어 영국군과 연합하는 계기를 만들었다. 미얀마전지공작대라 불리는 이 분대는 한지성이 중심이 되어 1943년 8월부터 1945년 가을까지 유지되었으며, 공작대원 8명 중 6명이 민족혁명당 당원으로 구성되었다.

1942년 10월 민족혁명당이 임시정부에 참여할 때 김원봉, 김상덕,

한국광복군 인면전구공작대 1943년 뒷줄 왼쪽에서 세번째가 한지성이다.

이정호와 함께 경상도 지역 임시의정원 의원으로 선출되었으며, 약산과 같은 시기인 1945년 1월 중경에서 백범 김구의 주례로 안중근의 질녀인 안금생과 혼인을 하였다.

광복 후 약산과 같은 행보를 걷다 1958년 숙청된 것으로 추정된다. 그는 6.25전쟁 당시 서울시 인민부위원장지금의 서울시부시장을 역임하였는데, 이것이 그를 기억하는 후손들의 마지막 모습이다.

그리고 후손들의 증언에 따르면 14살 위인 약산을 아버지처럼 따르고 모셨으며 함께 월북하였다고 한다.

유동연, 「한지성의 생애와 민족운동」, 『한국근대현대사연구』, 2015년 가을호.

석정의 노래

20세기 첫해 1900년
개국 오백칠 년
단기 사천이백삼십삼 년
유월 스무나흐레날
밀양의 윤향수 댁에
막내아들이 태어났다
이름은 소룡, 작은 용이다
이 년 전
으뜸 봉황, 큰 봉황이 태어나니
김원봉이었다
봉황과 용
그 큰 이름의 사명
한 사람이 이름 지었으니
두 사람의 운명 예견되었나 보다

소룡은 원봉의 그림자인 듯
한시도 떨어지지 않는다
눈 뜨면 행님아!
길 하나 건너 둘은
해자에서 멱을 감고 강변에서 공을 찼다
동생들의 볼멘소리
왜 형은 우리보다 소룡 형을 더 좋아하지
둘이 함께 동화학교 입학
귀한 책 돌려가며
6도 3략도 읽었다
을강 선생 백민 선생 일봉 선생
모두 같은 말씀
나라를 지켜야만
인간답게 살 수 있어

일제가 나라를 빼앗았다
힘이 없는 민족은
강한 민족에게 굴복하는 것이 당연하다
그래서 우리도 힘을 길러야 한다

참 이상하다
강도는 실력으로 쫓아내는 것이 아니라
총칼로 쫓아야 하는 것을
왜 사람들은
학교를 세우자
공장을 세우자 할까
우리들이 보기에
강도는 두들겨 패야하는 것을
우리는 무얼하지
어린 소롱 고민이다

개창학교가 밀양공립학교로 되었다
이 학교로 가야 한다 하니
원봉이 형보다 앞서 전학 갔다
이내 형이 왔다
나라 없는 것이 이런 것인가
우리나라보다 먼저 생긴 나라가 일본이고
우리는 그들의 종이라 한다
가슴 한 곳 끓어오르는 분노

소룡만 그런 것이냐

원봉만 그러하냐

모두들 지옥인듯

우리말 대신 일본말을 국어라 하고

우리 역사는 거짓이라 한다

죽을 맛이다

원봉 형이 몰래 손짓한다

이번 천장절 날 일장기 똥통에 빠뜨리자

눈이 초롱초롱, 가슴은 두근두근

그래, 그래!

어리다고 깔보지 마라

똥통에 처박힌 일장기

교장이 지랄발광한다

교실을 뒤지고 고래고래 고함소리

조선 학생들 다 죽일 기세다

시침 뚝!

누가 감히 일장기를

그것도 위대한 메이지 천황의 생신날에

일제강점기 밀양공립보통학교.

날뛰는 그의 모습
공립학교 마지막 기억

동화학교 다시 편입학
을강 전홍표 교장 말씀, 너희들이 나라를 찾아야 한다
가슴 속 결기 가득
빼앗긴 나라를 어떻게 되찾지
생각 잠긴 세주
아버지
어린 막내 아들 멀리
오성중학 유학 보냈다
원봉 형도 중앙학교 입학
약산, 약수, 여성이 태어나고
조선의 한성, 이제는 일제의 경성
뜻을 굳게 하여
일제 강도 몰아내자
목숨 바칠 각오라

부모님의 귀향 요구
창녕 처자 하소악이
혼인날 잡아 기다린다
마당의 초립상
한 쌍의 기린
이를 어째
마음은 압록강 너머
텐진의 원봉 형님 독일어를 배운다
다시 남경으로 가 영어를 배운다 하니
어찌하누 무얼하누
그래도 세운 뜻 버릴쏘냐
형님, 이 몸 어른 되어
찾아갈 터이니 반갑게 맞아 주소
쉬이 가리다

기미년
새벽녘에
고종 황제 붕어 소식
아버지 뜻을 좇아 한성 가니

탑골공원 수만 동포 손에손에 태극기라
함께한 치형 형님 두 눈 번득
독립선언서 챙겨 든다
을강 선생 찾아뵙고
만세운동 준비하며 연판장에 동지 규합
독립선언서 김병환 선생 가게 숨겨두고
태극기는 집에 숨긴다
부인들의 치마 속 품은 태극기
장터에서 높이 솟고
쌀독에 숨은 선언서 밀양장터 뒤덮었다

장날 정오
태극기 움켜쥐고 대한독립선언 낭독한다
대한독립만세
물결치는 태극기
밀양 하늘 진동하자 부산헌병 득달한다
부모님과 어린 신부
곧 돌아오마 약조한 후
압록강 건너가서

신흥무관학교 군사훈련
강도 일본 내손으로 몰아내자
고향 형님 함께 훈련하니 밀양 생각 간절하다
색시는 어떠하며
부모님 강건한지
하염없는 근심
잡은 총에 힘이 든다

그토록 그립던 원봉 형님
고산자에 성큼 와서
길림으로 함께 가자
작탄투쟁 하자꾸나
3개월의 훈련 동안 이리저리 살핀 후에
10명의 동지 모여
의를 위해 목숨 바칠 것을 맹세하니
의열단이 조직되고
원봉 형님 의백이다
폭탄 숨겨 국내기관 파괴하고 일제 고관 처단하면
조국 독립 된다 맹세하니

백민 스승 눈물 가득
맞잡은 손 뜨겁다
의로운 일을 맹렬히 목숨 바쳐 실행하자

치형 형님 자금 마련
일봉 선생 상하이 집 빌려
폭탄 세 개 제조한 후
거사 담당 자원하나
막내 세주 못 미더워 단원들이 반대한다
"나는 다른 사람보다 더 묘한 방법으로 적탐의 주의를 능히 피면할 수 있고, 만일 불행히 피포된다 하더라도 나는 의지가 견결하므로 우리의 비밀을 누설하지 아니하겠다."
동지들이 끄덕 한다
불행히도 밀고되어 경성에서 체포
7년형이 선고된 날
"우리의 제1차 계획은 불행히도 파괴되고 무수한 동지들이 피포되고 판죄되었지만 피포되지 않은 우리의 동지들은 도처에 있으니 반드시 강도 왜적을 섬멸하고 우리의 최후 목적을 도달할 날이 있을 것이다."

감옥 규칙 내세워 강요되는 간수 경례
잘못한 게 없는 지라 경례 거부 일상이다
두 손 붙잡고 머리 눌러 강압 경례
한 달 동안 실시하다 지친 일본 간수
'지독한 놈'
옥중에서 학습하고, 죄수들에게 강론하니
혁명공작 참가자가 부지기수
매일매일 아내 편지 침 묻혀 쓴 글 받아드니
부모님 염려말고
고문 당한 몸 추스르라
일제에게 이기려면
더 많이 알아야지
아내에게 부탁하여
대학강론 다 외웠다

1927년 2월 7일
칠 년만에 출옥하여 고향에 돌아오니
고향집은 간 데 없다
연로하신 아버지는 감내 들판 바라보며

막내아들 기다리다 지쳐

잡은 지팡이만 원망한다

물이 달다 감내라

원봉 형님 식구들도 이곳으로 쫓겨 오니

성 밖 옛집엔 어느 누가 살고 있나

멱감던 곳엔 원성만 흐르려나

산미증산 이름하에

소작료만 높아져

밥상에는 만주산 잡곡이다

맛나는 미리벌 쌀 다 어데 갔노

치안유지법이 무섭더라

사유재산 부정하면 징역이 십 년

물산장려운동, 민립대학설립운동 모두 실패하니

에라 모르겠다. 친일하자 이광수가 선두구나

주의, 주의 모두가 주의다

이를 합해 싸워 보자

민족유일당 함성 소리

신간회가 앞에 서고 근우회가 뒤따르니

백민 스승 함께하여

신간회 밀양지회 만들어 총무가 되니

밀양청년 세주를 사모하여

따르는 자 수數도 없다

문화통치 결사結社 자유 준다하나

활동마다 일제 감시

사랑도 사람의 일

선물로 찾아온 아들

남선이라 이름하니

그 기쁨이야 말로 할까

해방된 나라에서 태어나 자유롭게 산다면

안타까운 마음

모든 부모 마찬가지

그도 민족투사 될지니

그 무엇이 두려우랴

잘 보아라 일제 놈들 어떤 짓을 하는지를

잊지 말고 기억해라

그것이 너의 운명이다

역사를 잊으면
미래는 없다

백민 선생 죽음 후에
약산 형님 소식
남경으로 오라 한다
잠자는 네 살 아들
이마에다 입 맞추고
눈물바람 내보이는 아내에게
남은 가족 부탁하고
혁명가의 아내
울지 말라 위로한다
나 대신 이 집을 잘 부탁하오
아들 남선 투사로 키우시오
말 없어도 내 뜻 알 것이라
재再망명길 재촉한다

육사 동지 찾아 함께 남경 오니
조선혁명군사정치 간부학교 개교
교관 부탁 거절하고 육사와 학생되어
미친 듯이 공부하고 훈련하니
학생들의 귀감이라
지금까지 배운 이론
실전으로 경험하고
오류없이 재무장하여
조국 광복 선봉되자
석정石鼎이라 이름하고
돌솥처럼 굳건하다
2기, 3기 학생에게
정치, 철학 가르치고 솔선하여 앞장서니
학생들의 애회와 경앙이 일신에 집중된다

2기생의 졸업식 날
"지난날 투쟁사를 돌이켜볼 때 우리 동지들의 희생은 매우 큰 것이었습니다. 그 희생은 지도 및 투쟁 수단의 졸렬함에 기인한바 많았으니, 제군의 선배 중에는 교수대의 이슬로 사라진 이가 적지 않았고, 이들 선각자들은 우리민족 운동의 존귀한 희생자가 되었습니다. 이들 영령을 위로하는 의미에서도 몸을 던져 혁명운동에 매진할 각오와 신중한 수단이 요구되니, 제군은 동지를 위하여 혁명을 위하여 죽었다고 말해짐을 두려워하지 마십시오."

석정의 말이니 어느 누가 의심할까
두 주먹 힘주어
죽음 앞에 당당하자
동지보다 내가 먼저, 내가 먼저 달려간다

만보산 사건에다 만주사변 겹쳐지고
조선혁명군 한국독립군 중국군과 연합하여
영릉가 대전자령
만주에서 날아드는 승리 소식
동경에서 이봉창
상하이에서 윤봉길
한국독립군의 중국 이동
양세봉의 암살 소식
만주 독립군이 중국 본토에 옮겨오니
만주는 무주공산이라 일본 놈들 자랑이다

1937년 6월 5일 호외 발행, 보천보에 동북항일연군 나타났다
김일성이 지휘자다
모두들 눈빛으로 기뻐한다

남경에 모인 단체, 셀 수가 없다
통일전선 필요하여 조선민족혁명당 조직하자
이당저당 설득하니
민족혁명당의 영혼이라
약산은 총서기요
석정은 중앙상임위원
『민족혁명』 편집장, 석생이란 필명으로
「우리 운동의 새로운 출발과 민족혁명당의 창립」 외치니
울분에 싸여
혁명전선 구축한다
모든 주의主義 한데 모아
민족해방운동 세계사적 임무 확정
석정 칭송 드높다

1937년 7월 7일
중일전쟁 발발
약산, 석정 잰 발걸음
삼민주의역행사 등걸에게 부탁하여
항일전선 무장투쟁 함께하자
조선인만의 조선의용대
1938년 10월 10일 창설
피 끓는 젊은 투사
무한으로 몰려들고
최창익의 조선청년전시복무단
한구로 넘어와서
1, 2구대 조직되고
조국 해방 위한 고된 훈련
함께하는 이 고통이 즐겁다

중일전쟁 일어나자
상하이로 달려가서
대적방송 실시하고
남경대학살, 무한 함락

일제 만행 지켜보며

내 목숨 바쳐

일제 놈들 끝장내면 이보다 더 좋을쏘냐

너도 나도 대적선전

포로 심문 앞장선다

직접 전투 없이

국민당과 함께 일본군을 피해 도망가면

조국 해방 언제일까

1, 2, 3지대 확대되고

대원들의 불만 높아간다

중국 정부, 한국광복군 창설하여 의용대 견제하니

화북 지방으로 이동해야

조국 독립 완성될 것

격론 끝에 북상 결정

형님,

올해는 화북 지방

내년에는 압록강을

내후년에 조국해방

해방된 조국에서

진하게 한 잔 합시다

눈물짓는 아내에게

아들 잘 키우시고

남은 가족 위해 희생하소

붙잡지 못하고

울지도 못하고 입술 깨문

그녀에게

평생토록 사랑한다 말 한마디 못하였다

해방되어 고향집에 가면

여한없이 사랑하리

아들아!

너를

믿는다

남은 가족 연합국의 정세 걱정

약산 형님 홀로 남아
온몸으로 대응하고
화북지대 무사 도착 기원한다
약산 형님
짊어진 과제 그 누가 도와줄까
국민당 장제스 아침 문안
공산당 저우언라이 저녁 인사
이도 저도 견제하니
약산 형님, 아픈 형수 지켜보며
대원 가족 지키는 게 하늘의 뜻
일제 패망하면 이도 추억이라
한 맘으로 이겨내소

민생호에 몸을 실어 양쯔강 구비 돌고
산과 들 너머 국민당군 피해
산서성 섭현 도착
조선의용대 화북지대 결성하고
화북청년연합회 조직한다
타이항산 높고 골이 깊다 하나

우리 대원 마음보다 못함이라
최후의 결전
독립군아리랑
발걸음 재촉하고
도라지 타령 주린 배 위로한다
팔로군과 어깨동무
커져가는 국제우의

이제부터 진짜 전투
최후의 혈점까지 최후의 결전 노래 울려
호가장전투 잃은 동지
슬퍼할 겨를 없이
일본군 공격, 그 이름도 흉측하다 '무쇠팔뚝 작전'
앞장선 자
조선인 홍사익
지청천과 일본 육사 동기라더니
우리 동포 죽이려고 비행기 동원하고 탱크도 끌고 왔다
운두저촌 저 너머 포성 소리 들려오고
저들 속에 우리 동포 있을지니

남문 벽에 구호 쓴다

“왜놈의 상관놈들을 쏴죽이고 총을 메고 조선의용군을 찾아오시오.”

조선 사람 잘 보시고 찾아오시우

십자령 고개 마루

팽덕회, 주덕, 좌권

김두봉, 박효삼, 석정 모두 모여

탈출구 마련하려 특공대 조직하자

좌권 부참모장, 박효삼 지대장이

자신의 목숨 내놓으니 대원들 앞 다투어 자원한다

달려가는 특공대원

흩어지는 일본 군대

이 틈 타서 팔로군 수뇌부

발걸음 재촉하고

중국, 조선 구분 없이

서로에게 의지한다

좌권 부참모장, 하운 신화일보 사장

적탄에 쓰러진다

비무장 대원

권총 한 자루에 의지하여 서른 명이 도망친다

김두봉, 그의 딸 혜연

총소리 피해가며

낮에는 숨고 밤에만 움직인다

밥 냄새 맡은 지가

언제였나

걸음들이 땅을 끈다

들려오는 일본 말

적에게 탄로되자

석정, 진광화, 최채 함께 적을 유인

허벅지에 총을 맞아 쓰러지고

눈앞에서 사라진 진광화 동지

어느 쯤에 떨어졌나

최채, 하진동이 찾아오니

진 동지 걱정, 저 절벽 살펴보시게

진 동지의 최후 소식

허벅지의 고통 소리 없이 사라진다

다시 오는 적병 모습
오두막집 숨겨지고
말라오는 입안
아무리 힘을 써도
침조차 말랐구나
어디선가 밀양아리랑 흘러나고
흐려지는 장자령 계곡 하늘
중경의 원봉 형님
아들 남선, 하소악 당신은?
아버지, 백민 스승 곧 뵈옵겠습니다

조국의 하늘이
어디쯤인고
고향 밀양강은
넓은 들을 감싸 안아
누른 보리밭을 만들고
영남루 밝은 달은
버들가지 휘청이며
늘어진 가지 사이

숨박꼭질 하고 있으려나
동무들의 웃음소리
귓가에 쟁쟁하고
아리랑 노랫가락 들린다
강물 위에 실린 무봉사 새벽 종소리
스물스물 피어오른 물안개
내 고향 밀양이 그립구나

약산 형님, 잘 계신가
일제 놈과 한 판 붙어
내 고향 갈 것이라 약속하였건만
장자령 고개 턱에
이렇게
홀로 누워
지난 날 돌아보네
혁명 위해 동지 위해
죽어짐을 두려워 말라
두렵지 않으나
해방 조국 보지 못해

억울하다

정말 억울하다

형님, 우리 처자 잘 보아 주소

이내 몸은 먼저 가니 그들 모자 지켜주소

지아비로 따스한 말 한마디 못하였소

아비로서 지켜주지 못하였소

사랑한다 한마디 못하였소

조국 해방 우선이니

참으라만 하였소

모두에게 미안하다 전해 주오

사나이로 태어나서

조국 위해 죽어짐은 마땅하나

일제 놈들 두고 가니

억울하오

억울하오

정말 억울하오

사나운 비바람이 치는 길가에
다 못가고 쓰러진 너의 뜻을
이어서 이룰 것을 맹세하노니
진리의 그늘 밑에 길이길이 잠들어라 불멸의 영령
불멸의 영령 석정은 팔로군 조선의용군에 의해
석문촌 자락에 잠시 머물다 진기로예 열사능원에 잠들었다
독립군 아리랑 울려퍼지고
최후의 결전 노래 계곡을 에워싸
석정 뜻을 이은 용사
죽음을 두려워하지 않으니
일본 놈들 타이항산 포기하고
끝내 항복하였다
국공내전 6.25전쟁 남과 북이 갈라서고 중국도 갈라섰다
살았는지 죽었는지 소식조차 모른다

해방되어 하소악이 밀양에 와
석정 장례 사진 내놓으니
남은 가족 통곡한다
냉전 골 깊어가니 석문촌이 어디인고

1992년 중화인민공화국과 수교
후손들이 앞다투어 찾았다
연화산 자락 당당히 서 있는 석정과 진광화 묘
지나는 이 고개 숙여 숭고한 뜻 존경한다
생전 보지 못한 작은 할아버지 묘소 부여잡고
하염없이 우는 종손녀들, 그리고 종손자
아버지와 작은 할아버지 함께 자랐으니
아버지나 진배없다
조국 위해 바친 목숨인데 왜 이토록 늦게 찾아올 수밖에 없었나
남은 소원 조국통일 이것이 할아버지 뜻

중국의 한 학자는
"한 인간이 살아서 그 존엄을 지키기도, 죽어서도 거룩한 명성을 후세에 고스란히 남기기도 결코 쉽지 않다. 하지만 조선독립운동가 석정은 42년을 일기로 나라의 독립과 민족의 자유를 위해 죽는 날까지 자신의 삶을 깨끗이 단장하였으니, 실로 장한 일이 아닐 수 없다."
석원국 교수는
"의열단의 맹장, 조선혁명간부학교의 교관, 조선민족혁명당의 중견,

조선의용대의 영혼."

이육사는

"청포를 입고 찾아오는 고달픈 손님."

김학철은

"약산의 지혜의 주머니 그리고 석정은 끝내 공산당에 가입하지 않은 가장 철저한 민족주의자였으며, 웅변가이며 이론가였고 예리한 판단으로 편집과 방송을 맡았으며 적극적인 항일운동으로 후진 양성에 힘쓴 인물이다."

마지막 죽음의 순간에도 자신을 희생하여 다른 사람 살린 위대한 지도자

그래서 "석정 동지는 영원히 우리 3천만 민중의 마음속에 살아 있다. 그는 과연 죽지 않았다. 그가 이 세상에 머물기는 42년에 지나지 않았으나, 그의 아름다운 이름은 천년만년 영구히 살아 있을 것이다."

그의 부하들이 추도문에서 말하였다

그 어떤 주의도 넘어선 석정의 정신은

통일의 과제를 풀어야하는

우리들에게

해결의 실마리를 던져 주었다
나의 것을 버리면 된다고
평양에서는 그의 아내와 아들이
서울에서는 석정이
그리움을 담아 손짓하듯
우리 모두 염원 담아 통일의 노래를 부르는 그날까지

잊어선 아니된다, 아니된다
기억해야 한다
침묵은 가해자에게 이로울 뿐
피해자에게는 도움이 되지 못한다
역사를 잊은 민족에겐 미래조차 허락되지 않는다
다시 돌아온다 외친 아베 노부유키
그러나 의열 정신 살아 있어
두렵지 않다, 두렵지 않다
석정의 그 마음이
대한의 하늘을 지키고 있으니

1936년경 민족혁명당원 동지들과 기념 촬영(왼쪽부터 신악, 윤세주, 박기성, 이진영).

백 년을 살기보다 조국의 영광을 지키는
이 기회를 택하였습니다

안녕히,

안녕히들 계십시오.

〔두 번째 이야기〕

의열의 이름으로!

'밀양' 없는 의열단이 없으며, '의열단' 없는 의열투쟁이 없다. 의열투쟁 역사에서 '밀양'을 빼놓을 수 없다. 그래서 밀양은 '의열의 성지' 또는 '의열의 메카'라 불린다. 독립운동기념관에 이어 약산 김원봉의 생가에 의열기념관이 2018년 3월 7일 개관하였다. 이것 또한 하나의 역사이다.

'의사義士'는 의로운 일을 용맹하고 과감하게 결행하였다는 행동의 측면을 강조할 때 붙이는 칭호이며, 그 행동이 대개는 무기를 갖고 대적거사를 벌이는 것으로 구체화된다. '열사烈士'는 대의를 위해 죽음의 길을 택하였다는 희생의 측면을 강조하여 붙이는 이름이며, 맨손으로 항거하거나 자결 등의 극적인 방법에 의해 충절과 의분을 드러낸 것이다. 그러나 둘 다 이利를 버리고 의義로 나아가며 소아小我를 버리고 진아眞我를 지키는 자기희생을 감연히 택하는 것이었기에 '의열'에는 자신의 목숨을 개의치 않은 정신이 낳은 행동의 장렬함과 그 행동에 깃든 의로움의 가치를 함께 존중하여 기리는 뜻이 담겨 있다.

이러한 의열을 가장 잘 실천한 단체가 1919년 11월 10일 조직된 '의열단'이다. 이 의열단을 포함하여 강도 일본을 몰아내기 위해서 행했던 모든 의열투쟁을 담기 위해 조성된 것이 바로 밀양의 '의열기념관'이다.

1906년 2월, 을사오적의 한 사람인 이근택의 집을 습격하였던 기산도 선생부터 1945년 7월 24일 친일 반민족행위자의 한 사람인 박춘금이 기획하고 조직한 '대의당'의 모임이 열렸던 부민관에 폭탄을 설치했던 조문기, 유만수, 강윤국이라는 청년 세 명의 투쟁까지, 소박하지만 결기가 살아 있는 약산의 생가에 의열의 꽃이 다시 피었다.

기념관 옆집은 석정 윤세주 열사의 생가이다. 그 일부도 매입되어 의열공원으로 조성되고 있다. 이곳에 석정 윤세주 열사가 7년 형기를 마치고 출옥한 날인 1927년 2월 7일을 기념해서 2017년 2월 7일, 열사의 어록비를 세웠다. 어록비에는 열사가 조선혁명군사정치간부학교 교관 시절, 2기 졸업생에게 하였던 교훈의 어록과 그가 개사하여 조선의용대원들이 불렀던 「최후의 결전」 노랫말이 새겨져 있다. 의열기

2005년 당시, 윤세주의 옛집.

념관과 어우러진 의열공원, 그리고 앞으로 조성될 의열체험관까지! 이 일대는 밀양을 상징하는 또 다른 랜드 마크가 될 것이다.

의열투쟁도 무기가 필요하다는 점에서 일종의 무장투쟁이지만 무장투쟁이 갖추어야 할 큰 규모의 병력과 장비, 일정한 숙영지 겸 근거지, 조직 편제와 지휘 체제 등이 필요 없고 개인적인 결의와 준비만으로도 가능하다. 또 적에게 노출될 위험이 적기 때문에 적과 싸울 여건이 마련되지 않은 상황에서는 최선의 대체 투쟁 방식이었다. 결사적 태세로 고강도의 의열투쟁을 계속하면 그 충격과 공포 효과에 의해 끝내는 일제가 식민 지배를 포기하게 될 것이라는 논리를 내세우면서 의열투쟁이 독립운동 방법의 하나로 급부상하게 되었다.

3.1운동 이전에는 비밀결사의 형태로 의열투쟁이 전개되었으며, 1920년대에는 국외에 본거지를 두고 만주·연해주 지역의 망명 독립운동가에 의해 제기되었다. 이 단체 중 가장 치열하게 투쟁한 단체는 당연히 '의열단'이다. 하지만 의열단 외의 의열투쟁도 의열기념관에서는 볼 수 있다.

기산도 선생으로부터 시작된 의열투쟁은 오적암살단의 나철, 오기호 그리고 장인환, 전명운, 안중근, 이재명으로 이어졌으며, 대한광복회의 친일부호 처단 활동은 대한제국 말기의 의·열사들의 정신과 행동 양식을 재생하여 3.1운동 이후의 의열투쟁으로 연결하는 징검다리 역할을 하였다.

안중근과 조마리아 여사

매년 2월 14일, 밀양에는 다른 지역과는 달리 색다른 풍경이 펼쳐진다. 밸런타인데이로 알려진 이날, 밀양 곳곳에는 이색적인 플래카드가 걸린다. 플래카드에는 "오늘2월 14일은 안중근安重根 의사가 사형선고를 받은 날입니다."라고 적혀 있다. 사랑하는 연인에게 초콜릿을 선물하면서 사랑을 고백하는 날로 기억하는 청소년들에게 이 플래카드는 일제 판사로부터 사형을 선고받고 목숨을 구걸하지 말라는 어머니의 말씀에 순종하면서 3월 26일, 교수형으로 세상을 떠난 민족의 영웅 안중근을 기리고자 하는 뜻을 담아 알려 준다.

가족 11명이 독립운동 관련 서훈을 추서받았던 민족 영웅 안중근에게도 아픈 사연이 있다.

1905년 11월 17일 을사늑약으로 외교권을 강탈당하고, 조선의 외교권을 행사하기 위해 설치된 통감부의 초대 통감으로 이토 히로부미이등박문, 伊藤博文가 부임하자 안중근 외에도 그를 죽이기 위해 준비한 사람들이 많았다. 이재명李在明도 이토 히로부미를 처단하기 위해 미국에서 잠입하였으나, 안중근에 의해 죽었다는 소식을 접하자 대신 이완용을 공격하였다.

1909년 10월 26일에 있었던 안중근의 의거에는 보이지 않는 도움의 손길들이 많았다. 일본의 무전 내용을 알려준 이가 있었고, 혹 이토 히로부미가 하얼빈 역이 아닌 다른 곳에 내릴 지도 모를 일이라 각 역마다 총을 들고 그를 죽이기 위해 준비한 인물들도 있었다. 그리고 또 하나의 인물, 조마리아 여사가 있었다.

안중근은 한말의 의병장이다. 일제를 몰아내기 위해 의병을 일으켰던 그는 연해주로 이동한 다음 동지 11명과 함께 단지동맹을 맺었다.

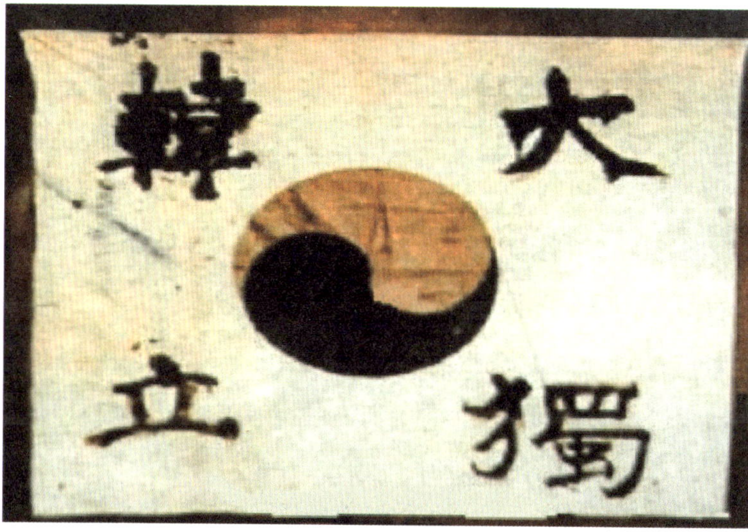

대한독립이 적힌 태극기 사진.

이들 12명은 1909년 3월 초 동의단지회同義斷指會를 조직하고 왼손 무명지의 첫마디를 잘라 혈서로 '대한독립大韓獨立'을 쓰고 독립운동에 헌신할 것을 다짐하였다.

조선 침략의 원인을 제공한 원흉 이토 히로부미와 이완용에 대한 암살 계획을 세우고, 3년 이내 이를 성사시키지 못하면 자결하여 국민에게 속죄하겠다며 무명지를 자른 것이다.

이토 히로부미가 만주를 방문하여 러시아와 회담을 갖는다는 소식이 전해지자 안중근, 우덕순, 조도선, 유동하, 유승렬, 김성화, 탁공규 7인은 그의 처단을 모의하였다. 어느 역에서 하차할지 모르는 상황이라 하얼빈과 채가구역에서 저격하기로 논의한 그들은 채가구역에 조도선과 우덕순이, 하얼빈역에는 안중근이 대기하기로 결정하였다. 열차는 채가구역에 정차하지 않고 그냥 지나쳤다. 반대로 안중근 의사가 대기하고 있던 하얼빈역은 일본 총영사 가와카미 도시히코천상준언, 川上俊彦가 '많은 일본인들이 역 앞에서 이토 일행을 환영할 수 있도록 허용해 달라'고 요청을 해 경호는 그리 삼엄하지 않았다.

1909년 10월 26일 오전 9시 10분경 하얼빈에 도착한 이토 히로부미는 차내에서 블라디미르 니콜라예비치 코콥초프Влади́мир Никола́евич Коковцо́в러시아 재무상과 20여 분 대화한 후 열차에서 내렸다. 러시아 군대 앞을 지나는 이토 히로부미를 향해 안중근은 총을 3발 쏘았고, 이토는 지팡이를 잡은 채 꼬꾸라졌다. 연이어 기와카미 총영사 다나카 만철이사, 모리 궁내부대신 비서관을 향해 한 발씩 쏘았다. 안중근은 "코레아 우라대한 만세."를 외친 뒤 러시아 헌병에게 잡혔고, 10시경 이토 히로부미는 숨을 멈췄다.

채가구역에 대기 중이던 우덕순도 체포되어 징역 3년형을 선고받았으나, 1908년 함흥감옥에서 탈옥한 사건이 드러나 7년간 옥고를 치렀다. 러시아어에 능통하였던 조도선도 우덕순과 함께 체포되어 1년 6월형을 선고받았다. 유동하는 1909년 10월 21일 이토 히로부미가 열차 편으로 러시아에 온다는 사실을 탐지하고 도착 일자가 10월 26일이라는 사실을 알려 주었다. 그는 18세의 나이로 체포되어 여순감옥에 이송된 후 징역 1년 6월을 선고받았다.

안중근 의사가 체포되어 2월 14일에 법정에서 사형선고를 받았을 때, 그 사실을 알게 된 그의 어머니 조마리아본명 조성녀, 세례명 마리아 여사는 손수 아들의 수의를 짓고 함께 편지를 보냈다.

네가 만약 늙은 어미보다 먼저 죽는 것을 불효라 생각한다면 이 어미는 웃음거리가 될 것이다.

너의 죽음은 너 한 사람 것이 아니라 조선인 전체의 공분을 짊어지고 있는 것이다.

네가 항소를 한다면 그것은 일제에 목숨을 구걸하는 짓이다.

네가 나라를 위해 이에 이른즉 딴마음 먹지 말고 죽으라.

옳은 일을 하고 받은 형이니 비겁하게 삶을 구하지 말고, 대의에 죽는 것이 어미에 대한 효도이다.

아마도 이 편지가 이 어미가 너에게 쓰는 마지막 편지가 될 것이다.

여기에 너의 수의를 지어 보내니 이 옷을 입고 가거라.

어미는 현세에서 너와 재회하기를 기대치 않으니, 다음 세상에는 반드시 선량한 천부의 아들이 되어 이 세상에 나오너라.

자식의 수의를 손수 지으면서 흘렸을 눈물, 더구나 장남인 안중근

조마리아 여사.

을 먼저 떠나보내야 하는 여사는 남은 두 아들에게 수의와 편지를 쥐어 주며 여순감옥에 보냈다. 부모는 자식의 죽음을 땅에 묻지 못하고 가슴에 묻는다. 대개의 부모는 자식을 살리기 위해 그 어떤 수단도 마다하지 않는다.

조마리아 여사는 일본 놈들에게 목숨을 구걸하지 말고 당당하게 죽음을 맞이하라고 말하였다. 편지를 검수한 간수에 의해 이 내용이 알려지면서 '시모시자是母是者, 그 어미에 그 아들'의 대명사가 되었다. 대한제국의 대한매일신보와 일본 아사히신문의 기사 제목이 바로 이 '시모시자'였다. 오늘날 나라를 위해 목숨 바친 자식을 위해 어느 부모가 이렇게 할 수 있을 것인가? 안중근의 의기에 감동한 간수 지바 도시치천엽십칠, 千葉十七는 "일본이 당신 나라의 독립을 방해한 것을 죄송하게 생각합니다. 일본인의 한 사람으로 사과드리고 싶습니다."라 하였다. 그리고 그는 안중근의 작품들을 보관하였고 그 덕분에 지금 우리들이 감상할 수 있게 되었다.

조마리아 여사는 하얼빈 의거 이후 일본 헌병들이 몰려와 추궁하자 "이 나라 국민으로 태어나 나라의 일로 죽는 것은 국민 된 의무다. 아들이 나라를 위해 죽는다면, 나 역시 아들을 따라 죽을 따름이다."라고 반박하였다. 그녀는 안중근의 죽음 이후 중국 상하이로 이주하여 상하이재유동포경제후원회 위원을 역임하였고, 1926년에는 임시정부 경제후원회 창립 총회에서 안창호 등과 함께 정회원으로 선출되어 활동하였다.

누군가 조마리아 여사의 모습에서 예수를 보낸 마리아의 모습이 겹쳐 보인다고 하였다. 그녀는 안중근의 죽음 이후에도 독립운동 자금을 지원하는 등 1927년 7월 15일 상하이에서 향년 66세로 죽는 날까지 독립운동을 하였다. 이런 부모, 특히 이러한 엄마가 가장 필요한 시대가 지금이다. 조마리아 여사는 2008년 정부로부터 애족장을 추서받았다.

더 가슴 아픈 사실은 안중근 의사의 아들 안준생에 관한 이야기이다. 맏아들 분도본명 우생-祐生 는 안중근의 유서에 의하면 신부로 키워 달라 하였으나 1911년 여름 밀정에 의해 독살당하여 그 꿈을 이루지 못하였다. 러시아 니콜리스크지금의 우수리스크까지 이주해 벼농사를 짓던 유족들은 1919년 10월경 상하이로 이주하였다. 도산 안창호의 도움으로 상하이에 정착한 그들은 백범 김구를 보필하던 안공근의 도움을 받았다.

1937년 일본군이 상하이를 공격하자 안공근은 김구의 모친 곽낙원 여사와 아들 김신, 그리고 자신의 가족만 데리고 나왔다. 이에 백범 김구는 안중근 의사의 부인을 전쟁터에 두고 왔다고 질책을 하였다고 한다. 안중근의 둘째 아들 안준생은 상하이의 가톨릭학교에 다니고 있었고 이미 결혼하여 2남 1녀를 두었다. 전쟁 후 안공근을 따라나서지 못한 안준생은 처가의 권유로 헤로인 장사를 통해 부를 축적하였고, 조선총독부의 초청을 받아 고국 방문의 기회를 맞았다. 당시 서울에는 이토 히로부미를 추모하는 박문사博文祠가 지어져 있었는데,

안준생과 이등박문의 아들.

안준생은 총독부의 지시대로 박문사를 찾아 '이등박문의 아들과 눈물의 악수 장면'을 연출하였다. 독립운동가의 아들이 내선일체內鮮一體를 향해 가고 있던 일제의 선전에 놀아나는 안타까운 현실을 겪게 된 것이다.

안중근의 죽음 당시 핏덩이였던 안준생은 아버지에 대한 그리움보다 원망이 컸기에 '눈물의 연출'에 참여하였을지도 모른다. 이 또한 비극적인 역사의 한 장면이다.

"영웅의 아들은 개 같은 삶을 살고 변절자들의 자식은 성공하고 아버지는 나라의 영웅이었지만 가족에게는 재앙이었습니다. 나는 나

안중근 의사의 유묵.

라의 재앙이지만 가족에겐 영웅입니다."

그의 어머니는 그를 말없이, 그러나 힘껏 안아 주었다.

그는 해방 후 몰래 귀국하여 끝내 죄인처럼 지내다 6.25전쟁 중 상하이 시절 알고 지냈던 손원일 제독의 도움으로 해군 병원선에서 죽었다. 안중근의 가족 중 11명이 독립유공자로 선정되었으나 죄인이 되어 숨어 지냈던 작은 아들은 얼마나 많은 회환의 눈물을 쏟았을까!

안중근 의사가 그의 아내 김아려에게 보낸 마지막 유언이다.

> 우리는 이 이슬과도 같은 허무한 세상에서 하느님의 배려로 배필이 되고 다시 주님의 명으로 헤어지게 되었소.
>
> 그러나 머지않아 주님의 은혜로 천당에서 다시 만날 것이오.

주님의 안배만을 믿고 신앙을 열심히 하고, 모친께 효도를 다 하시오.

두 동생과 화목하며, 자식의 교육에 힘쓰길 바라오.

심신을 편안히 하고, 후세에 영원한 복락을 희망할 뿐이오.

장남 분도를 신부가 되게 하려고 나는 마음을 결심하고 믿고 있으니 그리 알고 하느님께 바치어 장래에 신부가 되게 하시오.

허다한 말은 후일 천국에서 기쁘게 만나서 상세히 이야기할 기회가 있을 것을 믿고 또 바랄 뿐이오.

매헌 윤봉길, 그리고 그의 아내 배용순

매헌梅軒 윤봉길尹鳳吉은 어릴 때부터 한시漢詩에 아주 능하였다고 알려져 있다. 어린 시절 마을의 '목계木溪'를 노래한 그는 1927년 구매조합을 조직하여 농민의 경제자립을 추구하였으며, 독서회를 통해 문맹퇴치에도 앞장섰다. 그러나 그는 일제의 압박으로 인해 농촌운동이 성공할 수 없다는 사실을 깨닫고 1930년 3월 중국으로 망명하였다.

1932년 상하이의 홍커우 일대에서 채소장사를 하며 일본군의 정보를 탐지하던 중 백범 김구를 만나게 되었다. 이미 이봉창의 의거1932. 1. 8.로 대한민국임시정부의 의열투쟁에 대해 알고 있었던 윤봉길은 한인애국단韓人愛國團에 가입하였다.

상하이사변1932의 승리를 축하하고, 일왕쇼와 덴노-昭和의 생일인 천장절4월 29일 축하연이 상하이 홍커우 공원에서 열릴 예정임과 상하이에 있는 일본 거류민은 도시락과 수통, 그리고 입장권만을 휴대하고 참가하라는 사실을 상하이 일일신문上海日日新聞의 보도를 통해 접하게 되었다.

1932년 4월 26일 한인애국단에 가입한 윤봉길은 4월 27일과 28일 양일에 걸쳐 이화림 여사와 함께 현장을 면밀히 조사하였다. 그리고 축하식장의 팻말을 보고 일본군 사령관 시라가와 요시노리百川義則 대장과 해군함대 사령관 노무라 기치사부로野村吉三郎가 설 자리와 그 주위에 모일 인물들을 파악하였다. 4월 29일 이른 아침 김구로부터 수통과 도시락 폭탄 각 1개씩을 받아 들고 자신이 차고 있던 시계와 김구의 시계를 바꾼 다음, 남아 있던 의거 준비 자금을 모두 돌려주었다. 이화림과 함께하려는 계획은 이화림 여사가 일본어가 서툴러 혼자 거사를 단행하게 되었다.

아침 7시 50분경 공원에 들어가 기다리던 그는 미리 봐 두었던 자리로 가 투척 장소와 시간을 맞추어 의거의 최후를 준비하였다.

드디어 운명의 시각 11시 40분, 그는 폭탄의 안전핀을 뽑아 단상 위로 던졌다. 이 폭탄은 노무라 중장과 주중공사 시게미쓰 마모루重光

葵의 면전에 명중하면서 폭발하여 일본 육군대장 시라가와는 전신에 파편을 맞아 신음하다 사망하였으며, 제9사단장 우에다 겐키치植田謙吉는 다리가 절단되었고, 해군총사령관 노무라는 실명을 하였다. 주중공사 시게미쓰는 절름발이가 되었으며 거류민 단장인 카와바다는 즉사하였다. 주중총영사 무라이 쿠라미츠村井倉松와 거류민단 서기장인 토모노友野盛도 중상을 입었다.

윤봉길의 회중시계

엄청난 피해를 입은 일제는 현장에서 윤봉길을 체포하여 가혹한 고문과 취조를 한 후 군법회의에서 사형을 선고하였다.

백범김구의 회중시계

그러나 일본 아사히신문에 실린 윤봉길이 체포되는 장면을 찍은 사진을 보면 의아하다. 현장에 있었던 외신들에 의하면 윤봉길은 그 자리에서 엄청난 매를 맞고, 발길질을 당해 '단 한 사람이 죽는다면 그는 아마 윤봉길일 것이다'라고 할 정도였고, 네 사람이 들어서 차 뒤편에 구겨넣듯 집어 던졌다고 전해진다. 그런데도 신문에는 스물다섯의 청년이 아닌 중년의 남자, 그것도 겁에 질린 모습의 윤봉길이 실린 것이다. 이는 초라하고 겁먹은 조선인을 보여줄 수밖

1932년 4월 29일 윤봉길 의사의 상하이 투탄의거 직전의 천창절 기념행사 단상의 모습.

아사히신문 특파원 사토우가 촬영한 윤봉길 의사 연행 장면.

에 없었던 일제의 또 하나의 역사 왜곡 장면이다.

2011년 3월 1일, SBS 특집다큐 '일본이 찍은 사진 속 인물, 그는 윤봉길인가' 프로그램을 통해 윤봉길 의사의 사진을 3D로 확인하면서, 사진의 왜곡 가능성을 조명하였다. 경일대 사진영상학부 이인희 교수와 경희대 국제법무대학원 강효백 교수 등이 의문을 제기하였으나, 한국독립운동사연구소에서 『도왜실기』에 수록된 사진을 근거로 체포 당시의 사진이 윤봉길 의사가 맞다는 견해를 밝혀 유족들은 그대로 인정하고 있다.

윤봉길은 12월 19일 가나자와 육군 형무소에서 스물다섯의 나이로 총상 26발을 입고 순국하였다. 윤봉길이 1930년 중국으로 망명하여 두 아들 모순과 담에게 다음과 같은 편지를 쓰고, 아내에게도 일곱 글자를 남겼다.

강보에 싸인 두 병정에게

너희도 만일 피가 있고 뼈가 있다면 반드시 조선을 위하여 용감한 투사가 되어라.

태극의 깃발을 높이 드날리고 나의 빈 무덤 앞에 찾아와 한 잔 술을 부어 놓으라.

그리고 너희들은 아비 없음을 슬퍼하지 말아라.

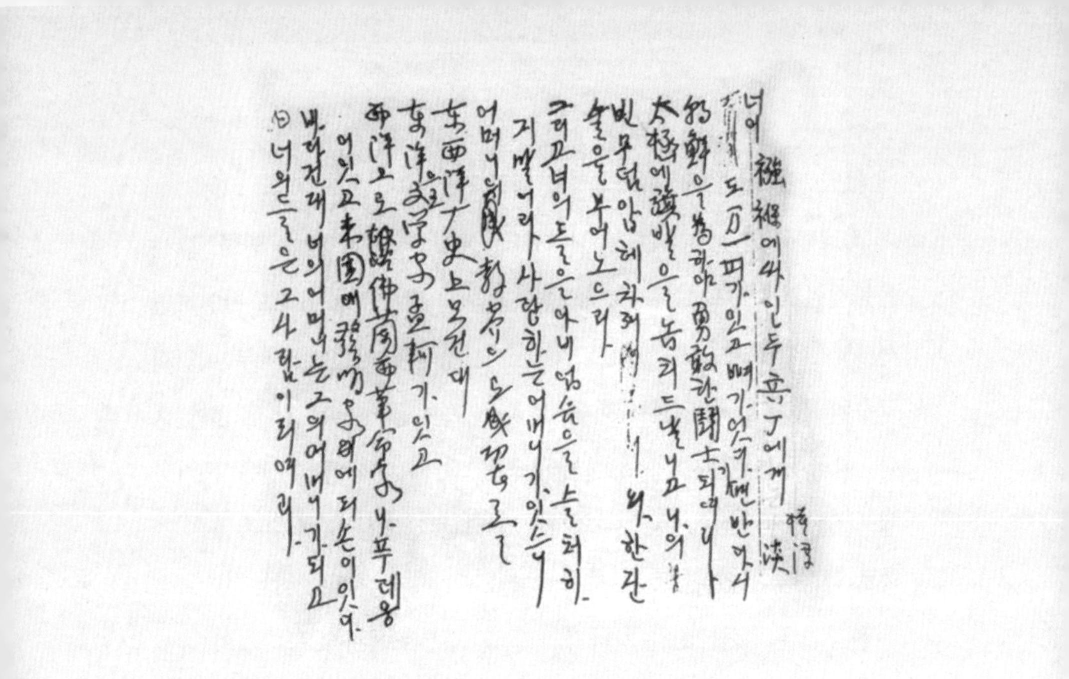

윤봉길 친필 유서.

사랑하는 어머니가 있으니 어머니의 교양으로 성공자를 동서양 역사상 보건대

동양으로 문학가 맹가孟軻–맹자의 이름가 있고 서양으로 불란서 혁명가 나폴레옹이 있고 미국에 발명가 에디슨이 있다.

바라건대 너의 어머니는 그의 어머니가 되고 너희들은 그 사람이 되어라.

아내에게 남긴 "장부출가생불환丈夫出家生不還", '대장부가 집을 나서면 살아서 돌아오지 못하니 당신이 나 대신 부모님 잘 모시고, 아이들 잘 키우라'라는 말이다. 맹자의 어머니처럼, 나폴레옹의 어머니처럼, 그리고 에디슨의 어머니처럼.

윤봉길이 아들에게 보내는 편지는 사실 아내에게 보낸 당부의 글이다.

그의 아내 배용순 여사는 '윤봉길의 아내가 된 불행'이라는 글을 남겼다. 그 글의 일부를 편집하여 소개하고자 한다.

나는 열여섯 살에 혼인하여 스물여섯 살에 남편을 잃었다. 남편의 본명은 윤우의이나 사람들은 봉길이라 불렀다. 어릴 적 부르던 별명인데 남편이 그 이름을 좋아해서 붙이게 된 것 같다. 남편은 맏아들이었고 서로 말이 별로 없어 손님 보듯이 서먹서먹하게 지내면서도 용케 아이를 배스리고 낳았다. 그러고 나서야 겨우 말 몇 마디쯤 나누게 되었다. 남편은 한글로 적힌 책들을 읽어 주었으나 글의 내용을 잘 이해하지 못해 핀잔을 받기도 하였다. 언젠가 서울 간 남편이 법단 댕기 한감을 사다 주었는데 이것이 남편에게 받은 단 하나뿐인 선물이었다. 혼인한 지 팔 년째 되던 해 이른 봄, 누이의 남편감을 선보러 간다던 남편이 되돌아와 찬물 한 바가지 달라고 해서 하던 설거지를 멈추고 찬물을 떠다가 상 위에 두었다. 계속해서 설거지를 한 뒤 시누이의 이야기를 들으니 남편은 그 물을 마시지 않고 우두커니 섰다가 나갔다고 한다. 그가 떠난 지 며칠이 지나서야 중국으로 떠난 줄 알게 되었다. 남편은 중국 청도에 닿자 집으로 편지를 보냈다. 새로 태어난 아기에게 담이란 이름도 지어 주었다. 그리고 세 살 먹은 모순이 앞으로 편지를 써 보냈는데 아이들에게 주어야 할 교훈으로 가득 차 있었다. 아마 내 앞으로 편지를 보내기가 쑥스러웠던 모양이다. 더구나 그 편지 속에는 나를 맹자의 어머니에 견주고 있으니 나는 편지를 읽으며 부끄러워 낯을 붉혔다. 이 편지를 보내고 남편은 상하이로 건너갔다. 그리고 해가 지나 나는 스물여섯, 그는 스물다섯이 되었다. 사월 스무아흐렛날이다. 우리 집에 수많은 일본 경찰과 신문 기자들이 몰려왔다. 나는 아이들을 챙겨서 방에 들어앉히고 이를 악물었다. 모질게 마음을 다잡아 먹자고 스스로 타일렀다. 정말이지 눈물 한 방울 흘릴 겨를이 없었다. 몇 날 며칠을 시달려 죽어 버리고 싶도록 괴로웠다. 남편은 그해 오월 스무닷샛날에 상하이 파견 일본 군법회의에서 사형을 선고받았다. 같은 해 동짓달 중순에 오오사카의 위수 형무소로 이감되었던 남편을 면회해 보겠다는 '호사스러운 생각' 같은 것은 해볼 수조차 없었다. 섣달 열아흐렛날 베틀에 앉아 명주를 짜고 있으니 기자로 보이는 사람들이 몰려와 남편의 처형을 알려 주었다. 늘 사립문 앞에서 하루에도 몇 번씩 남편이 돌아올 것이라 믿었던 나에게는 도저히 남편과 죽음이 이어지지 않았다.

내 설움이 처음으로 터진 때는 둘째 아들 담이가 죽었을 때이다. 아버지의 얼굴도 몰랐던 담이가 아홉 살 되던 해에 복막염으로 죽었다. 온 몸의 피가 모두 눈물이 되어 나온 듯 끊임없이 눈물이 흘러내렸다. 며칠을 굶어도 배고픈 줄 모르고 이때쯤 남편이 돌아와 주어야 마땅하리란 생각을 하며 울고 또 울었다. 드디어 광복이 되었다. 광복이 되었다고 다들 돌아오는데, 이듬해까지 기다려도 남편은 돌아오지 않았다. 서울에서는 끊임없이 손님들이 내려왔다. 백범을 비롯하여 김홍일 장군이 함께 예산으로 내려와 홍커우 의거에 대한 소식을 알게 되었다.

백범의 노력으로 1946년 남편의 뼈가 일본에서 돌아왔다. 이봉창 선생과 백정기 선생의 뼈도 함께 돌아왔다. 박열 선생과 이강훈 선생이 수소문 끝에 여자 사무원의 소식을 듣고 찾아가니 그녀가 윤봉길이 처형되기 전 화장하지 말고 매장을 부탁해 그의 소원대로 매장되었다며 그 장소를 알려 주었다고 한다. 그 소식을 듣고 서울로 달려갔다. 뼈는 태극사에 모셔져 있었다. 나란히 놓인 흰 상자 세 개 가운데 하나, 그 속에 남편의 뼈가 들었다고 하였다. '이렇게 되어 돌아올 사람을 십오 년이나 기다렸구나.' 그 생각 외에는 아무 생각도 떠오르지 않았다. 남편의 장례식은 화려하였지만 나는 유가족 자리에 죄인처럼 고개를 빠뜨리고 앉아 있었다. 살아 있음이 욕됨을 뼈저리게 느꼈다. 봄과 가을이면 학생들이 소풍을 와 남편을 기리는 일을 할 때면 내 남편의 '장엄한 죽음'을 이해할 수 없었던 나는 남편을 자랑스러워할 수가 없었다. 남편과 관계된 자리엔 되도록 나서지 않았다. 한 불행한 아낙네의 삶에 씌워지는 가당찮은 비단옷이 부끄러웠기 때문이다.

윤봉길은 이미 남매를 두고 있었고, 셋째 아이를 임신 중인 만삭의 아내를 두고 떠나려니 그 마음이 오죽하였을까? 그래서 그는 설거지하는 아내를 한참이나 바라보며, 하고픈 말들을 가슴으로 전하고 떠났다.

그녀는 1982년 정부로부터 국민훈장 목련장을 서훈받았다. 그리고 그녀의 이름 '배용순'으로 매년 효부상이 시상되고 있다.

그러나 늘 남편을 기다리며 부모님을 모시고 자녀를 키우며 살았던 자신에게 비단옷이 씌워지는 것이 부담스러웠다고 하였다. 떠나는 남편에게 다정한 인사도 듣지 못하였거니와 보내 온 편지에 맹자의 어머니처럼 자식을 잘 길러 줄 것을 당부하는 남편에게 서운함을 느낄 새도 없이 그렇게 보냈던 세월 속에 그녀는 또 한 사람의 영웅이 되어 이 땅을 지켰다.

윤봉길과 배용순 여사의 가족사진.

수많은 독립운동가들은 조마리아와 같은 어머니, 배용순 같은 아내를 두었기에 나라를 위해 자신의 목숨을 내놓을 수 있었던 것이다. 어쩌면 가장 위대한 독립투사들은 일제강점기 이 땅에서 묵묵히 자신의 역할을 다하였던 그 시대의 여인네들인지도 모른다.

윤봉길 의사가 거사 직전 우리 동포들에게 보낸 마지막 편지글 중 일부로 그에 대한 이야기를 끝맺는다.

> 고향에 계신 부모 형제 동포여!
> 더 살고 싶은 것이 인정입니다.
> 그러나 죽음을 택해야 할 오직 한 번의
> 가장 좋은 기회를 포착하였습니다.
> 백 년을 살기보다 조국의 영광을 지키는
> 이 기회를 택하였습니다.
> 안녕히, 안녕히들 계십시오.

노인이라 깔보지 마라, 강우규

강우규 지사.

일제는 10년간 무단통치로 조선인을 공포로 몰아넣어 저항을 무마하려고 하였다. 그러나 거국적인 만세운동이 전국은 물론 국외로까지 퍼져 나가자 식민지 조선에 대해 보다 더 안정적인 방식의 지배를 꾀해야 함을 절실히 느끼고 있던 원경原敬 수상은 헌병경찰제 폐지와 총독 교체를 상신하였다. 또한 남다른 정치력을 인정받고 있던 해군대장 출신의 전직 해군장관 사이토 마코토재등실, 齋藤實를 8월 12일 제3대 조선총독으로 임명하였다. 원경 수상이 '조선은 일본의 속방이 아니다. 그리고 식민지도 아니다. 일본의 연장이다'라며 조선 침략을 정당화하며 임명한 사이토는 부산을 거쳐 1919년 9월 2일 오후 5시 서울 남대문역에 도착하였다. 고관들과 친일 유지들의 영접을 받으며 쌍두마차에 올라 출발하려는 순간 요란한 폭음과 함께 폭탄이 터졌다. 환영 인파 속에 섞여 있던 65세 노인 강우규姜宇奎가 영국제 수류탄을 던진 것이다.

1919년 3월 러시아의 블라디보스토크의 신한촌에서 46세 이상 애국노인들의 결집체로 대한국민노인동맹단이 결성되자 즉시 가입한 강우규 선생은 요하현 지역의 지부장이 되었다. 그는 3.1운동으로 분출된 전 민족적 독립 열망을 감지하였고, 조선 총독이 경질되고 새 총독이 임명·부임하는 것이 전 세계적으로 대세인 민족자결주의를 완전히 외면하고 하늘의 뜻도 거역하는 소행이라 인식하여 새 총독을 처단하기 위해 수류탄 1개를 구입하였다.

폭탄 투척 후 유유히 현장을 빠져나간 강우규 지사는 총독 폭살을 위한 거사 기회를 다시 노렸으나, 일본 경찰의 탐문수사에 의해 한인 순사 김태석에게 체포되었다.

거사 이후 일제 기관지 매일신보에서 이 사건을 매도하고 비판 여론을 조성하려고 안간힘을 썼으나, 한국인들은 "강우규는 그 경력에서 털끝만큼도 비난할 만한 것이 없으며, 더욱이 나이 육십을 넘긴 노구를 이끌고 멀리 블라디보스토크에서 경성으로 잠입하여 신임 총독에게 폭탄을 투척하는 등 그 용맹은 장자壯者를 능가하고 우리 조선 민족이 참으로 흔쾌하게 여기는 바, 가령 극형에 처해져서 형장의 이슬로 사라질지라도 그 위훈偉勳은 조선민의 뇌리에 깊은 인상을 남기고 길이 비사상祕史上의 미담으로 전해지기에 이를 것."이라는 반응을 보였다. 1920년 2월 25일 경성지방법원, 4월 26일 경성복심법원에서 연이어 사형을 선고하였고, 5월 27일 경성고등법원의 상고기각으로 사형이 확정되었다.

11월 29일 서대문형무소에서 형이 집행되어 66세를 일기로 순국한

新總督에게 爆彈을 投下
重輕傷者의 數는 三十名

매일신보 1919년 9월 4일자, '새 총독에게 폭탄을 투하'라는 제목으로 실린 기사와 사이토 마코토 조선총독.

강우규 지사는 교수대에 오르기 전 심경을 묻는 검사에게 "단두대 위에도 봄바람이 있는데, 몸은 있으나 나라가 없도다. 어찌 감상이 없을손가."라는 유시를 남겼으며, 그는 재판 과정과 수형 생활, 그리고 처형되던 순간까지 일관되게 의연하고 당당한 모습을 견지하여 일제 사법, 경찰 관리들까지 감동시켰다. 강우규의 의거는 국내 폭탄거사의 효시였으며, 동시에 1920년대 의열투쟁의 실질적인 기폭제가 되었다.

이후 의열단이 조직되고 그들에 의한 본격적인 의열투쟁이 전개되는 데는 강우규 지사의 장렬한 투쟁이 그 선두적인 역할을 하였다.

최고의 몸값, 그 이름은 의열단

“의열단이 나타났다.” 누군가 외쳤다. 길거리를 다니던 일본순사는 물론 모든 일본인들이 숨어버렸다. 조선인들의 거리로 바뀌었다. 잠시 뒤 나타난 일본인들의 얼굴이 노랗다. 많이들 놀란 모양이다. 약산 김원봉의 이름만 들어도 오금이 졸아드는 그들은 의열단도 김원봉도 없는 조선을 만들기 위해 김원봉에게 당대 최고의 현상금을 내걸었다. 신출귀몰한 김원봉은 만주에서 북경에서 남경에서 상하이에서 광주에서, 도저히 종잡을 수 없다. ‘중국군의 장교다?’, ‘광주코뮨의 공산당이다?’ 들리는 소문들도 끝이 없다. 그런데도 그의 흔적은 도무지 찾을 수가 없다.

일본의 입장에서 보면 얼마나 답답하였을까? 그러나 조선인들의 마음속에는 “절대 잡히지 말고, 일본 놈들을 다 몰아내다오.” 하는 간절한 소망을 이루어 줄 한 가닥 희망이었다.

약관의 나이에 의열단을 만들었단다, 게다가 단장이란다, 진짜 잘 생겼다더라, 축지법도 쓴다더라. 일제강점기 ‘카더라’ 통신의 주인공이었던 약산 김원봉이 이끌었던 의열단, 그들 중 몇 사람의 활약 속으로 잠시 여행을 떠나 보자.

제1차 국내기관총공격, 밀양폭탄사건

'밀양폭탄사건'으로 알려진 이 의거는 1919년 11월에 조직된 의열단이 처음으로 시도한 폭파의거이다. 그들은 상상을 초월할 만큼 과감하였다. 어찌 일제가 두려워하지 않을까.

단장 김원봉과 부단장 곽재기, 단원 이성우가 밀양 출신 의열단 후원자인 윤치형으로부터 300원을 제공받아 노력한 결과 탄피 3개와 폭약을 구입하여, 상하이 김대지 선생의 집에서 폭탄 세 개를 제조하였다. 임시정부 외무차장 장건상은 이 폭탄을 단동으로 옮겼고, 곧이어 밀양 출신 이병철이 직접 밀양으로 와 김병환의 집에 이를 숨겼다. 또 다른 경로로 이성우와 이병철은 진영지금의 경남 김해시 진영읍의 강상진에게 폭약과 탄피, 권총과 탄환을 전했다. 진영에 숨겨진 것은 폭탄 13개를 만들 수 있는 탄피와 화약, 그리고 권총 2정, 실탄 100발이었다. 그리고 거사를 책임질 황상규, 이수택, 윤치형, 이종암, 곽재기, 이성우, 김기득, 한봉근, 신철휴, 윤세주, 김상윤, 이낙준, 김병환, 배중세, 서상락 등이 속속 귀국하여 국내에서 합류하였다. 그러나 사전에 밀고되어 이수택, 이종암, 김상윤, 서상락, 한봉근 등 5인을 제외한 모든 사람들이 피체되었다. 곽재기와 이성우는 징역 8년, 김기득, 이낙준, 황상규, 윤세주, 신철휴 징역 7년, 윤치형 5년, 김병환 3년, 배중세 2년, 이주현와 김재수 1년 형이 선고되었다. 창단 이후 최초로 시도된 것이라고는 도저히 믿기 어려울 정도의 규모와 대담함으로 이 사건은 3.1운동 이후 세상의 이목을 가장 놀라게 한 사건이 되어 총독부 당국자들의 간담을 서늘하게 하였다.

후에 이 사건을 의열단에서 이름하기로 '제1차 국내기관총공격'이라 하였으나, 폭탄과 관련자가 밀양과 연관되어 당시 일제와 언론에서는 '밀양폭탄사건'이라 하였다. 밀고자에 의한 배신, 그로 인해 많은 동지들이 검거됨에 따라 의열단 자체의 존립이 어려울 정도였으나 의열단은 활동을 지속하였다. 독립운동의 전투성이 고양되고 유사한 거사를 이끄는 데 선도적인 역할을 한 밀양폭파의거는 의열투쟁의 메카라 할 수 있는 '의열 도시, 밀양'의 원동력이 되었다.

박재혁, 그는 부산 사람이다!

의열단이 최초로 성공한 거사는 박재혁朴載赫 의사가 부산경찰서장 하시모토교본수평, 橋本秀平을 죽음에 이르게 한 사건이다. 밀정을 풀어 다수의 동지를 체포한 일제 경찰에 복수하고 의열단의 건재함을 보여

주기 위해 지역에 밝은 박재혁에게 부산경찰서를 선택하게 한 것이다. 박재혁은 1920년 8월 김원봉으로부터 거사 지시와 함께 폭탄 1개, 군자금 300원, 여비 50원을 받은 후 9월 7일 부산에 들어왔다. 경찰서장이 고서古書에 관심이 많다는 정보를 입수한 박재혁은 고서상인으로 위장해 서장과 면회하던 도중 폭탄을 꺼내 마루에 내려쳤고, 쓰러진 하시모토 서장은 병원 이송 도중 숨졌다. 무릎 뼈에 중상을 입은 박재혁 의사는 현장에서 체포되었고, 사형 선고가 확정되었으나, 왜놈의 손에 죽기 싫다며 단식하던 중 1921년 5월 11일 순국하였다.

옛 부산경찰서.

부산상고를 졸업한 시대의 엘리트이자 무역회사에 취직하여 남부러울 게 없었던 박재혁은 1920년 약산 김원봉을 만난 뒤 감명 받아 의열단에 가입하였다. 주저 없이 약산의 제의를 받아들인 그는 사건 후 면회 온 친구에게 "내 뜻을 다 이루었으니, 지금 죽어도 아무런 한이 없다."라며 태연히 말하였다. 부산진 좌천동 공동묘지에서 치러진 그의 장례는 외부인의 출입이 통제되어 가족인 5명 외에는 아무도 참석할 수 없었다. 단장의 한마디에 폭탄을 받아든 그는 일순간의 망설임조차 없이 일을 실행하였는데 그것이 바로 의열단의 정신이었다.

적의 심장, 조선총독부를 휘저은 김익상

의열단원의 투쟁으로 가장 통쾌하고 극적인 것은 적의 심장인 조선총독부에 폭탄을 던지고 유유히 빠져 나와 북경으로 되돌아간 일이었다. 그 주인공은 바로 김익상金益相이다.

1895년 경기도 고양군 공덕리에서 태어난 김익상은 어려운 환경 속에서도 평양의 숭실학교를 졸업한 엘리트이다. 교사, 광성연초공사 기계감독 등을 하다 비행사가 되고 싶어 중국 광동으로 갔으나, 이미 학교가 폐교된 뒤라 상하이로 건너가 전차 감독을 하다 북경으로 이동하였다. 심산 김창숙金昌淑의 소개로 약산 김원봉을 만나 "조선의 독립은 2천만 민족의 10분의 8 이상이 피를 흘리지 아니하면 아니 된다. 우리는 이때에 선두에 나아가 희생이 됨이 마땅하다."라는 말에 크게 깨달아 의열단에 가입하였다. 1921년 9월 10일 폭탄 2개와 권총 2정을 숨겨 서울로 가는 열차에 탑승하였다. 헌병이 검문을 시작하자 기지機智를 발휘하여 여행 중인 일본인 여성의 옆자리로 옮겨가 유창한 일본말로 대화를 나누자 부부로 착각한 헌병이 검문을 하지 않았다. 출구에서도 어린애를 안고 일본인 여성과 대화하며 검문을 피하였다.

서울에 도착한 김익상은 경기도 고양군에 살던 아우 김준상의 집에 하루를 묵고 부인 송씨에게 '조선독립을 위하여 명일明日 총독부에 폭발탄을 던질 터이다'라고 말하고 마음을 준비시켰다.

1921년 9월 12일, 전기공 차림으로 조선총독부에 나타난 김익상은 2층으로 올라가 비서과와 회계과에 폭탄을 던지고 달려오는 경비병에게 "위험하다, 위험하다."라고 소리치며 만류하는 시늉까지 하면서 뒷문을 통해 빠져나와 일주일 후 북경에 도착하였다. 일제가 심장부에 폭탄을 맞고 아수라장이 되어도 범인을 알 수 없어 발만 동동 구를 수밖에 없도록 만든 쾌거였다.

그 후 김익상은 간도참변을 기획하고 총지휘한 인물인 다나카 기이치전중의일, 田中義一를 저격한 황포탄 의거의 두 번째 저격수로 활약하였다. 조선총독 암살계획 실패에 대한 아쉬움이 가득하였기에 저격수를 자청하였다. 권총의 귀재로 알려진 오성륜吳成崙의 총알이 신혼여행 온 스나이더 부인을 맞혔고, 김익상의 총알은 자동차로 달려가던 다나카의 모자만 꿰뚫었다. 그리고 김익상은 현장에서 체포되었다. 신원 조사 과정에서 김익상이 조선총독부 폭탄 투척의 주역임이 드러나자 서울에 있던 친일 경찰 김태석金泰錫이 출장 와 한 달 이상 취조하며 고문을 가하였다. 대한민국임시정부 조소앙趙素昂 외무총장이 애를 써 무기 징역으로 감형된 김익상은 복역 21년만에 석방되어 고향으로 돌아왔으나, 일본인 형사에게 다시 연행되어 어디선가에서 암살되었다. 해방을 2년 앞둔 1943년의 어느 날이었다.

마흔 아홉의 나이, 21년간의 옥살이! 제대로 가누지 못한 몸을 이끌고 꿈속에서라도, 아니 죽어서라도 오고 싶었던 고향으로 돌아왔으나 의열단에 대한 두려움으로 떨던 일제는 결국 김익상을 죽이는 만행을 저질렀다. 1962년 건국훈장 대통령장이 추서되었으나 찾을 수 없는 그의 시신, 제대로 감지 못하였을 눈이 떠오른다.

다나카 암살 사건 이후 국제여론은 의열단의 행위를 테러로 규정하고 비난하였다. 당시 대한민국임시정부는 의열단의 운동 노선을 '공포 수단에 의지하는 과격주의의 소치'라며 공공연히 비난하였고, 이 거사와 임시정부는 아무런 관련이 없다고 극구 해명하였다. 더구나 프랑스 조계당국은 한인 독립운동가의 총기류 휴대 및 사용을 포함하는 '불온행동'에 대한 단속 강화 방침을 공포하였다.

약산을 비롯한 의열단 지도부는 투쟁 노선의 정당성을 논리적으로 설명할 필요가 있음을 절감하였다. 이로 인해 단재 신채호 선생의 그 유명한「의열단선언」, 즉「조선혁명선언」이 발표되었다.

김익상은 중국 경찰에 의해 체포되었는데, 당시 그는 중국 경찰을 향해 총을 쏘지 않고 하늘을 향해 쏘았다. 그 이유를 묻는 재판관에게 "우리에게 아무 관계도 없는 중국인을 죽일 필요는 없고 오직 위

金益相은 遂死刑

◇김익상◇ 사형언도를받든

氣焰萬丈의 金益相

六月中旬公判

暗殺團의 活動과

1922년 11월 7일자 3면, 동아일보 기사 '기염만장의 김익상'.

협하기 위하여 쏜 것이오. 하늘을 향해 쏘았던 것은 사실."이라며 그 때 쏜 흉내를 내며 웃었다. 그뿐만 아니라 이어지는 재판장의 질문에 "오성륜의 탄환이 다나카 대장을 맞혔더라도 폭탄을 던지려 하였다." 라고 대답하였다. 또한 오성륜과 김익상의 탄환에는 십자형의 문양이 새겨져 있었는데 이에 대해 "거사 전에 김원봉이 다나카를 맞춘 탄환이 다시 그 몸을 꿰뚫고 나가 다른 죄 없는 사람을 상하게 할까 저어하여 동지들이 이날 사용할 탄환에 모두 칼끝으로 십자를 아로새기도록 하였다."라고 해 침략자에 대해서는 엄격하고, 선량한 양민들에게는 한없이 관대한 의열투쟁의 한 단면을 보여 주었다.

그리고 김익상이 고통을 당하고 있을 즈음 그의 동생 김준상도 일본 경찰에 잡혀 고초를 겪고 끝내는 생활고로 목을 매 자살하는 비극적인 생을 마감하였다. 그리고 그의 아내는 어린 딸을 데리고 재가하는 아픔을 겪었다.

경성을 쏜 바람의 총잡이 김상옥

"동지들 생사가 이번 거사에 달렸소, 만약 실패하면 내세에서나 봅시다. 나는 자결하여 뜻을 지킬지언정 적의 포로가 되지는 않겠소."

김상옥金相玉은 이 약속을 지키기 위해 양손에 든 권총을 놓지 않고 결국 자신의 손으로 방아쇠를 당기며 최후를 맞이하였다.

국내에서 '암살단'을 조직하여 활동하던 김상옥은 대대적인 암살을 계획하다 실패하자 상하이로 탈출하였다. 이시영, 조완구 등과 재거사 방안을 모색하다 의열단에 가입하였다. 약산에게서 권총 3정과 실탄 500발, 격문을 받아 서울에 잠입한 후 종로경찰서를 습격하려다 폭탄을 전해 주기로 한 '김한金翰'이 일본 경찰에 매수되었다는 소문이 돌자 멈칫하는 사이 종로경찰서에 폭탄이 던져졌다. 아직도 정확히 누가 폭탄을 던졌는지 알려지지 않았으나, 일제는 조사 과정에서 김상옥이 입국하였다는 사실에 주목하며 그를 뒤쫓기 시작하였다. 폭탄이 터지고 5일 뒤, 1923년 1월 17일 매부의 집에 있던 김상옥을 포위한 일본 경찰에게 그는 총기를 난사한 후 장충단과 왕십리를 우회하여 효제동 이혜수의 집에 숨었다. 다시 5일 뒤인 1월 22일 새벽, 수백 명의 무장 경찰대가 효제동 일대를 포위하였다. 제1진은 권총을 든 형사, 제2진은 장총을 든 집총대, 제3진은 기마대, 제4진은 헌병대 및 자동차대의 순서로 배치되었다. 김상옥은 양손에 권총을 움켜쥐고 시가전을 방불케 하는 세 시간 동안의 접전을 벌인 후 최후의 일발로 자결·순국하였다. 1대 400이라는 놀라운 대결이었다.

김상옥 의사가 폭탄을 던졌다고 알려진 당시 종로경찰서 모습.

우리 독립운동가와 일제가 서울 한복판에서 무장대결한 것은 이것이 처음이자 마지막이라고 한다.

김상옥의 시신을 부검한 결과 수십 발의 총탄이 박혀 있음이 드러났다. 적의 포로가 되느니 자결하여 동지를 보호하겠노라던 그의 뜻과는 달리 도움을 줬던 동지들이 붙잡혀 실형을 선고받았다. 이 와중에 아내를 잠시 만났던 김상옥, 사랑하는 사람과의 이별은 언제나 힘

1 김상옥 의사 3형제 아내와 자녀들 가족사진.
2 동생 김춘원.
3 김상옥 의사 어머니 김점순 여사.

이 들지만, 그는 자신의 손으로 목숨을 거둘 결심을 하였다. 조국에 대한 충성을 결심하였으나, 가장으로서의 책임을 다하지 못하고 어린 아내에게 모든 걸 맡기고 자신의 길을 가야 하는 남자의 눈에는 피눈물이 흘렀다. 노모와 어린 아들과 딸을 만난 김상옥은 두 눈을 꼭 감았다. 그들을 두고 어찌 갈 것인가, 차라리 두 눈을 꼭 감을 수밖에.

동아일보 1923년 3월 15일자 기사. 순국한 김상옥 의사 부인과 어머니 김점순 여사의 한식 성묘.

1923년 동아일보에 「"죽으러 왔드냐."며 묘전에 통곡하는 김상옥의 모친」이라는 제목으로 어머니 김점순 여사와 부인, 그리고 아들이 참배하는 사진과 기사가 실렸다. 서른넷의 나이에 권총으로 세상을 등진 아들의 주검 앞에서 흐느끼는 어미의 심정을 어찌 말로 다 하랴.

그러나 기사 내용과는 달리 어머니 김점순 여사는 1919년 김상옥 의사가 암살단을 조직하여 활동하다 붙잡히자 인쇄용 등사판을 파괴하여 증거를 인멸하였으며, 1921년 임시정부군자금 모금을 위해 서울에 파견되어 활동할 당시 일본 경찰에 탐지되자 전 가족과 함께 구금되어 옥중 투쟁을 하였다. 그리고 1923년 종로경찰서 투탄에 필요한 폭탄 및 권총을 은닉하고, 전달해 투척을 도왔다고 알려져 있다.

1927년도의 동아일보 기사를 통해 남은 열네 명의 식구들이 먹을 것이 없어 길거리로 내몰리는 상황을 확인할 수 있다. 자신의 목숨만이 아닌 연쇄적인 죽음과 같은 고통이 그 뒤를 따랐음에도 자신의 목숨을 내놓은 그 숭고함과 '차라리 상하이에서 귀국하지 않았으면 생이별만 하고 말 것을' 하면서도 아들을 도왔던 어머니 김점순 여사의 위대함이여!

영화 밀정의 주인공, 황옥과 김시현

영화 〈밀정〉이 개봉되었다. 평소 함께 영화를 보는 일이 드물었던 나와 남편은 이 영화를 함께 보기로 하였다. 평소 김시현金始顯 선생에 대한 이야기를 자주 하던 터라 영화에서의 김시현 선생은 어떤 모습일까? 더구나 배우 공유가 열연할 것이라는 기대감에 부풀었다. 그런데 영화관을 나서면서 '황옥黃鈺은 독립운동가가 맞네, 근데 왜 당신은 황옥을 아직도 그 정체를 알 수 없다 하노?' 이렇게 묻는 남편에게 뭐라 대답할 말이 없었다. 독립운동가와 밀정, 두 위치에서 현실과 이상에서의 갈등처럼 고뇌하였던 황옥, 그래서 그는 경계인이었다. 그러나 영화 속 황옥은 독립투사가 되어 있고, 이 일을 주동하였던 김시현 선생은 힘없이 당하고 마는 독립운동가로 그려져 마음이 편치 않았다.

개인적으로 가장 불행한 독립운동가라고 생각하였던 김시현 선생의 역할이 영화 속에서 크게 부각되지 못하였고, 선생의 삶이 더 조명되지 못하였다는 아쉬움이 남았다. 황옥과 김시현 두 사람이 함께 만들었던 의열단 제2차국내폭파의거는 어떤 것이었나?

김시현은 밀양폭파사건으로 알려진 제1차국내폭파의거로 이미 1년형의 형기를 마치고 출옥하여 상하이로 건너가 고려공산당에 가입한 안동 출신 독립운동가이다. 임시정부 외무차장이자 의열단 고문인 장건상과 김시현이 논의하여 제2차국내폭파의거를 추진하였다. 약산 김원봉은 텐진에서 총책임을 맡고 김시현이 행동대장을 맡기로 하였다. 고려공산당 비밀요원이기도 한 경기도 경찰부 고등과 소속 황옥에게 거사 계획을 알리고 도움을 청하였다. 황옥은 김상옥 사건을 조사하러 가는 출장길에 의열단원 유석현劉錫鉉을 조수로 위장 채용하여 텐진에서 김원봉을 만났다. 이후 김시현은 취객으로 가장하여 대형 폭탄 6개, 소형 착탄 17개, 「조선혁명선언」 360부 등 다량의 무기와 경고문을 국내에 반입하는 데 성공하였다. 물론 황옥의 도움이 컸다. 그러나 서울에 도착한 다음 황옥이 김시현을 찾아와 폭탄 몇 개를 경찰부에 납품하는 것이 어떠냐고 물었고, 질문을 받은 김시현은 속았다는 생각을 하였다. 김시현은 다음 날 빨리 피하라는 황옥의 전갈을 받았으

재판 받는 황옥(왼쪽)과 김시현(오른쪽).

나 결국 체포되었다. 물론 황옥도 함께 체포되었다. 김시현과 황옥은 나란히 10년형을 선고받았으나, 황옥은 1년 뒤 신병을 이유로 형 집행이 정지되었다. 그러나 다시 1928년 형 집행이 재개되어 감형받은 5년 7개월 동안 복역하였다.

제2차국내폭파의거가 비록 실패로 끝났지만 그들이 반입한 폭탄은 당시 일본 육군이 사용하던 것으로 큰 건물이나 철교를 단번에 산산조각낼 수 있었다고 하니 일제가 느끼는 공포심은 말로 다하지 못할 것이다.

김시현은 1929년 출소 후 다시 만주로 향하였고 의열단 조선혁명군사정치간부학교 북경지부장을 맡아 생도 모집에 나섰다. 이후 변절자를 처단하는 일을 맡아 간부학교 1기 졸업생 한삭평을 처단하였다. 이 일로 다시 체포되어 1935년 2월, 5년형을 언도받고 일본 나가사키 형무소에서 형을 치렀다. 1939년 9월 출감한 뒤 북경과 서울을 오가며 군자금 조달, 동지 규합, 무기 구입 등의 활동을 하다 1944년 다시 일본헌병대에 체포·감금되었으며 해방 후 자유의 몸이 되었다. 여섯 차례 체포되어 옥고를 치렀던 그는 1950년 5월 민주국민당 소속 안동 갑구에 출마하여 국회의원에 당선되었으나 한국전쟁으로 인해 개원되지 못해 활동할 기회가 없었다. 1952년 민주국민당을 탈당한 그는 도탄에 빠진 민중들의 삶을 외면한 이승만 독재자를 제거하려는 계획을 세웠다.

6월 25일 6.25전쟁 2주년 기념식장에서 이승만을 암살하려 방아쇠를 당겼으나 불발되어 현장에서 체포된 한 사람이 있었다. 그의 이름은 유시태였다. 배후를 조사한 결과 김시현이 드러났다. 이 일로 김시현은 사형을 선고받았으나 무기징역형으로 감형되어 복역하다 4.19 혁명 이후 이승만이 퇴진하자 석방되었다.

김시현은 살아 있는 동안 27년 8개월을 감옥에서 보냈다. 마지막 출옥 이후에도 4.19혁명을 계기로 출범한 국무위원회가 친일파로 구성되자 이를 폭파하겠다는 계획을 세웠으나 실행에 옮기지 못하고 생을 마감하였다.

1921년 모스크바 약소민족대회에서 만난 그의 부인 권애라權愛羅는 3.1운동 당시 유관순과 함께 서대문형무소에 수감되었던 투사였고, 김시현은 평생 그의 아내를 권 동지라 불렀다. 1966년 불광동 자택에서 쓸쓸히 숨진 그는 아내에게 유서를 남겼다.

> 권 동지, 미안하오. 내가 조국 독립을 위해 몸 바쳐 투쟁하였는데도 반쪽 독립밖에 이룩하지 못하였소. 남은 여생을 조국 통일 사업에 이바지해 주오.

김시현의 부인 권애라는 경기도 개성 사람으로 1919년 3월 1일 충교 예배당 내 유치원 교사로 근무하며 어윤희와 독립만세운동을 주동하다 체포되어 5월 30일 경성지방법원에서 보안법 위반으로 징역 6월형을 언도받았고, 실제 9개월의 형을 복역하였다. 출옥 후 정동예배당에서 '반도의 희망', '잘 살읍시다' 등의 제목으로 한국 여성의 애국사상을 고취하기 위한 강연을 몇 차례에 걸쳐 시도하다 종로경찰서에 구금되었다.

권애라 독립운동가의 1967년 국회위원 후보 포스터 사진.

권애라는 1922년 1월 소련의 모스크바에서 개최된 극동인민대표회의에 한민족 여성 대표로 참가하여 여운형과 김시현을 만났다. 이후 김시현과는 평생을 같이하며 함께 독립운동을 해 나갔다. 1929년 중국 소주 경해여숙대학에서 수학하면서 상하이를 중심으로 여성 지위 향상 운동과 조국 광복운동을 하였고, 동북삼성에서도 지하항일운동을 계속하였다. 그러다가 1942년 길림성 시가둔 영신농장에서 아들 김봉년과 함께 일제 관동군 특무대에 붙잡혀 비밀감옥에서 고문 취조를 받고 장춘고등법원에서 치안유지법 위반으로 징역 12년형을 언도받아 옥고를 치르던 중 광복으로 석방되었다.

황옥은 고려공산당 당원이면서 일제강점기 한국인으로서는 오르기 힘든 경부에 오른 사람이다. 그에 대한 평가는 아직까지 쉽지 않다. 황옥의 밀고로 사건 전모가 드러난 것이 아니라 폭탄을 숨겨 두었던 김두황의 밀고로 폭탄이 일본 경찰의 손으로 넘어갔고, 조선일보 신의주지국의 폭탄 압수도 홍우룡이란 자의 밀고 때문임이 드러났다. 황옥은 사건 전모가 드러났음을 알고 동생을 통해 김시현에게 도주할 것을 권유하였으나, 김시현은 중국으로 출국하기 전 그의 집에서 체포되었다. 그들이 가지고 들어온 폭탄의 성능은 당시 일본의 육군이 사용하던 것과 유사한 정도로 폭파 위력이 어마어마하였다. 대형 폭탄 여섯 발, 소형 폭탄 서른 발, 폭발장치용 시계와 뇌관 각각 여섯 발, 그리고 권총 열다섯 정, 총알 백오십여 발 등 일제가 상상할 수 없을 정도의 양이 국내로 반입이 되었다. 그 과정에서 황옥과 홍종우, 그리고 폭탄을 직접 제조하였던 헝가리인 마자르, 그리고 나혜석 부부의 도움도 받았다.

많은 사람이 연루되어 피해를 입었던 이 사건에서 아직도 풀리지 않은 미스터리는 바로 황옥의 정체이다. 황옥은 재판 과정에서 눈물까지 흘리며 자신은 의열단을 일망타진하려고 일부러 김원봉 등에게 접근해 폭탄 반입을 돕는 척 하였을 뿐이라고 주장하였다. 그러나 해방 이후 약산 김원봉은 황옥이 더 많은 피해를 줄이기 위해 자신이 '친일 주구', 또는 '밀정', '변절자'를 감수하면서 조직의 안전을 꾀하였다고도 하였다.

해방 이후 반민특위에서 김태석의 죄상을 낱낱이 밝힌 그는 병마에 시달리다 6.25전쟁 중 납북되었다. 진정한 독립운동가인지 아니면 밀정인지 역사만이 알 수 있지만 김원봉, 김시현 등을 만났을 순간에는 정말 독립운동가의 마음이었을 것이다. 현실에서 그의 마음을 뒤흔든 것이 무엇이었을지 알 수 없으나, 그 순간만이라도 그는 조국의 독립을 위해 자신의 모든 것을 바칠 각오를 하지 않았을까?

폭탄을 일제에 넘겨주자고 할 당시의 황옥과 다음 날 아침 김시현에게 피할 것을 미리 알려 준 황옥, 그 마음의 갈등이 그를 대변하는 것은 아닐까?

그 아버지에 그 아들, 나석주의 의거

1926년 12월 28일은 경북의열단 사건의 결심공판일인 동시에 나석주羅錫疇가 조선식산은행朝鮮殖産銀行과 동양척식주식회사東洋拓殖株式會社에 폭탄을 던진 날이다.

경북의열단 사건에 연루된 밀양인 고인덕高仁德 열사가 감옥에서 자결을 시도하여 결국 죽음을 맞이하였고, 그로부터 일주일 후 열렸던 결심공판에서 이종암李鍾巖이 13년의 형을 받았던 그날, 나석주의 손을 떠난 두 개의 폭탄이 조선식산은행, 그리고 동양척식주식회사에 던져졌다. 비록 동양척식주식회사 폭파에는 실패하였으나, 그의 가족이 전하는 또 다른 감동이 우리를 엄습한다.

나석주가 중국 천진에 있을 때 그에게 편지가 왔다. 아버지로부터였다. 아버지는 나석주의 확실한 거처를 알지도 못하면서 북경의 보경반점으로 무작정 편지를 보냈다.

> 기름진 황해도 남지리벌이 왼통 왜놈들 손아귀에 들어가 있다는 것을 너도 잘 알 거다. 석주야, 집에는 단돈 한 푼도 여유가 없다는 것도 잘 알 줄 믿는다. 그런데도 이 아비는 국내에서 나오는 두서너 가지의 신문을 사 보는 것은 해외에 나가 있는 우리 청년들의 활약상 때문이다. 그들이 나라를 위해 활약하는 기사를 읽는 것은 유일한 기쁨으로 알고 우리 식구에게는 밥을 한 끼 걸으면서도 신문값을 기꺼이 지출해 왔다. 그런데 내 아들 나석주의 이름이 어째서 한 번도 신문에 오르지 않는지 그것이 궁금하다. 처자를 아비에게 맡기고 네가 집을 떠난 지도 벌써 여러 해가 된다. 나라를 구하겠노라고 큰 소리를 치며 떠난 네가 지금 어디서 무엇을 하고 있단 말이냐? 석주야, 이 아비는 오직 그것만을 바라며 살고 있다.

안중근의 어머니, 나석주의 아버지, 다 이 땅의 위대한 부모이다. 이러한 부모님의 자식이었기에 조국을 위해 모든 것을 내놓을 수 있었던 것이다.

이 시대의 부모는 과연 자식을 사지死地로 내몰 수 있을 것인가?

최수봉이 던진 폭탄, 김지섭이 던진 폭탄, 나석주가 던진 폭탄 모두가 터지지 않았다. 그럼에도 계속해서 새로운 최수봉, 김지섭, 나석주가 나타난 것은 일제에 굴하지 않은 우리 민족의 모습이다. 나는 죽어도 나의 아들딸들에게는 해방된 땅을 물려주고 싶은 소망이 한 사람 한 사람의 의열단원이 되어 투쟁으로 나타났다.

의열은 오늘을 사는 우리에겐 무엇인가?

일제강점기 마지막 총독 아베 노부유키아부신행, 阿部信行는 말하였다.

"일본은 패배하였지만 조선이 승리한 것은 결코 아니다. 장담하건대, 조선이 제 정신을 차리고 과거의 찬란함과 위대함을 되찾으려면 100년이라는 시간이 더 걸릴 것이다. 우리 일본은 조선 국민에게 총과 대포보다 더 무서운 '식민지 교육'을 심어놓았다. 결국, 조선인들은 상호간에 이간질하며 '노예적인 삶'을 살 것이다. 보라! 실로, 조선은 위대하였고 찬란하였지만, 지금의 조선은 결국 일본 식민지 교육의 노예로 전락하였다. 그래서 나 아베 노부유키는 반드시 다시 돌아올 것이다."

私たちは敗れたが

朝鮮が勝利したわけではない.

自信をもって言いますが

朝鮮が正氣に返って

きらびやかで偉大な昔の朝鮮の榮光を取り戾すには

100年という歲月がはるかにかかるだろう.

私たち日本は

朝鮮民に銃と大砲よりも

恐ろしいの植民地教育を植えて置いた.

結局,

朝鮮人たちはお互いに仲違いし，奴隷的な生活を送るのだ.

見よ!

實に朝鮮は偉大した輝いたが,

現在の朝鮮は結局日本の植民地教育の奴隷に轉落した.

そして,

私の阿部は再度もどってくる.

아베 노부유키 총독은 조선에 총과 대포보다 더 무서운 식민지 교육을 심어 놓았다고 하였다. '식민지 교육'이라, 누가 식민지 교육을 드러내 놓고 할 수 있단 말인가? 그렇다면 식민지 교육은 어떤 것일까, 혹 이런 것은 아닐까?

토끼와 거북이는 산에 오르는 경주를 한다. 이것은 올바른 경기인가? 바닷속 생물인 거북이와 육지 생물인 토끼의 경주. 등에 커다란 짐을 짊어진 거북이와 날쌘돌이 토끼의 경주를 아이들에게 정당한 경기라고 말할 수 있는가?

그럼에도 "거북이처럼 잠시도 쉬지 않고 열심히만 하면 너는 이길 수 있어! 네가 이기지 못하는 이유는 네가 게으르기 때문이야. 쉬지 않고 최선을 다하면 승리는 네 것이야."

여고에서 근무하던 시절 독후감 쓰기 대회에 고3 학생이 "아기돼지 삼형제와 늑대."라는 제목의 글을 제출하였다. 1차 심사 과정에서 제목을 발견하고는 '고등학생이 뭐 이런 책을 글로 쓴담' 하고 무심하게 학생의 글을 읽었다. 그 학생은 말하였다. "평화로운 돼지들의 마을에 늑대가 나타나지 않았다면 첫째 돼지와 둘째 돼지가 제대로 된 집을 짓지 않았다 하여 죄인처럼 내몰리는 상황은 만들어지지 않았을 것이다. 집을 제대로 만든 셋째를 칭찬하는 것보다 늑대의 잘못을 먼저 지적해야 한다. 늑대는 외세일 수도 있고 우리 사회의 잘못된 법과 제도일 수도 있다. 그런데 12년 공교육을 받는 동안 그 어떤 교사도 나에게 늑대의 잘못을 이야기하지 않았다. 심지어 나의 부모마저도 늑대의 잘못보다는 첫째, 둘째 돼지의 잘못만 이야기하였다."

옳은 일을 옳다고 말하는 것, 용기를 갖고 자신의 의견을 말하는 것, 침묵하지 않고 옳은 것은 옳다고, 옳지 않은 것은 옳지 않다고 말하는 것, 그것이 바로 의열이다. 이것은 누구나 할 수 있는 것이다. 일제강점기 그 의열을 가장 잘 실천한 사람들이 살았던 곳이 밀양이다. 그래서 밀양은 선열들이 남겨준 의열의 정신을 이어 의열의 도시 밀양을 꿈꾸며 산다.

독일의 치하에서 유대인들이 고통 받았던 아우슈비츠에는 '아우슈비츠보다 더 무서운 것은 인류가 그것을 잊는다는 것이다'라는 경고문이 있다. 그 역사적 현장의 마지막 생존자였던 엘리 위젤Eliezer Wiesel은 '기억은 선한 마음을 가진 자의 의무'라 하고 '중립은 가해자에게만 이로울 뿐 희생자에게는 아무런 도움도 되지 못한다. 침묵은 결국 괴롭히는 사람 편에 서는 것이다'라고 하였다.

잊지 않고 기억하는 것! 이것은 양심을 가진 자의 의무이다.

〔세 번째 이야기〕

밀양의 위대한 스승과 만나다!

동화학교의 영원한 스승 전홍표와 고천문

밀양이 독립운동의 성지로 거듭날 수 있었던 것은 바로 밀양인을 바른 길로 인도한 위대한 스승들의 노고 때문이다.

일제강점기 어린 소년들에게 민족혼을 심어 준 사람, 그는 바로 을강 전홍표全鴻杓다. 밀양 지역의 독립운동가 1세대에 속하는 인물이다. 그의 뜻을 이은 백민 황상규黃尙奎, 일봉 김대지金大池등도 위대한 스승

동화학교 옛 터. 지금은 밀양택시가 자리하고 있다.

이다. 을강은 양반가의 자제로 일찍부터 한학을 공부하였고, 연계소蓮桂所를 중심으로 활동하면서 동학농민운동에 동조하였으며 을사늑약 이후에는 박상일과 함께 의병진을 준비하였다.

전홍표는 광무년간 밀양읍 내일동에 소재한 조선시대 밀양의 군무를 담당하던 옛 군관청 자리지금의 밀양택시에 밀양 지역의 유력 인사들이 공동출자하여 설립한 동화학교同和學校의 3대 교장을 역임하면서 제자들에게 민족혼을 심어 주었다. 새로운 지식을 통해 청년을 교육하고 자주독립의 애국사상을 고취해 항일투사를 길러내는 민족지사의 면모를 가진 전홍표는 동화학교 학생들을 지도하여 연무단鍊武團이라는 비밀결사를 조직케 하였다. 그뿐만 아니라 어린 제자들에게 "빼앗긴 국토를 다시 찾고 잃어버린 주권을 회복하기 전까지 우리는 언제나 슬프고 비참하다. 그러기에 우리의 목숨이 살아 있는 동안은 강도인 일본과의 투쟁을 한시도 게을리할 수 없다. 미래는 너희들의 것이다. 너희들이 분기하지 않고, 대체 누가 조국광복의 대업을 이룰 것이냐?"라며 어린 학생들에게 책임과 용기를 북돋았다.

일제는 이런 교육을 하는 동화학교를 법인이 아니라는 이유로 폐쇄하였다. 이 사실을 모르는 김원봉과 윤세주 등의 어린 친구들은 동화학교가 경제적 어려움으로 인해 폐교되었을 것이라 생각하여, 다시 문을 열게 하기 위해 고사리 같은 손으로 80원을 모아 전홍표 교장에게 건넸다.

전홍표는 그들을 끌어안고 경제적 어려움이 아니라 반일교육으로 폐교되었음을 알리고 뜨거운 눈물을 삼켰다. 그리고는 너희들이 이 나라를 반드시 찾아야 한다고, 강도 일본을 몰아내고 내 땅에서 내 민족이 함께 살아가는 날을 너희들이 만들어야 한다고 울부짖었다. 그런 전홍표의 가르침은 어린 학생들에게는 사명이 되었고, 그 주역이 되겠노라 다짐하는 계기가 되었다. 더불어 황상규와 김대지도 동화학교의 교사로 있으면서 어린 학생들을 지도하여 애국심을 고취시켰다.

1919년 고종의 인산에 참석하기 위해 윤세주는 집안 형님인 윤치형과 함께 한성으로 올라갔다. 고종의 시종을 지낸 아버지 윤희규尹熺奎를 대신한 일이었는데, 한성에서 3.1만세운동을 겪게 되었다. 탑골

공원에 모인 사람들과 함께 만세운동에 참여한 두 사람은 밀양으로 내려오자 스승인 을강을 찾아가 밀양에서도 만세운동을 전개할 것을 건의하였다. 그 과정에서 밀양면만세운동을 기획하고 주동하였던 을강은 만세운동 이후 일본 경찰을 피해 윤세주, 윤치형 등과 함께 망명의 길에 올랐다. 간도로 건너간 을강은 조국광복을 위한 마음을 한시도 잊지 않았다.

1919년 4월 1일음력 3월 1일 백두산 자락에서 나라 잃은 조선 유민의 한 사람인 자신의 피눈물 나는 심정을 글로 적어 하늘에 고한 「고천문告天文」을 남겼다.

기미년 3월 계미일癸未日-음력 3월 1일에 조선의 포민浦民-멀리 달아나 방랑하는 백성 전홍표는 삼가 폐백幣帛을 받들고 제단을 마련하여 하늘과 땅의 신에게 고하오니 이를 밝게 살펴 주옵소서.

조선이란 나라는 세계 열국의 하나로 신성하게 서로 물려주며 하늘의 명을 받은 임금이 다스려 왔는데 부여夫餘가 바로 이 겨레라. 중국의 동쪽을 차지하여 대대로 전통을 이어 내려왔습니다.

오로지 인륜의 도리를 떳떳하게 지키며 백성을 소중히 여기는 기자의 유풍을 받들어 문화를 숭상하고 도의와 평화로서 다스렸으니, 아름답도다! 우리 선대의 임금황제이시여!

일본이 무도하게 패권을 잡고 무력을 수단으로 인간의 근본을 문란하게 하더니, 수호조약1876년-강화도 조약, 병자수호조약을 서로 맺게 한 뒤에는 하루아침에 갑자기 나라를 합병하였습니다.

절개가 곧고 깨끗하다 한 것은 차라리 타고난 목숨도 끊을 수 있다는 뜻이오, 방법이 있는데도 방관만 하는 것은 잘못된 폐단을 영구히 버려두는 일일 것입니다.

이제 하늘의 명과 사람의 뜻이 서로 만나게 되어 독립을 울부짖게 되었으니, 이천만 동포원문에는 이억 동포가 모두 희생될 것을 맹세하였습니다.

공중公衆의 이름으로 의병義兵을 창도倡導하려 하여도 수중에는 작은 무기나 병사도 없고, 풍운이 날로 급박해졌으므로 계책을 결정하여 아름다운 의거의 깃발을 마음속에 세웠습니다.

저 서구의 여러 나라들은 강화와 동맹을 맺고 교통하면서도 나라 안팎에 사건이 있으면 위기일발에서도 적을 무찔러 상대가 깔보지 못하게 하고 있습니다. 파란波蘭, 폴란드은 이미 독립이 되어 도읍이 정해졌고, 몽고는 굳세고 웅대한 나라로 되돌아갔는데, 우리는 빛나는 역사가 천년인데도 정해진 운명으로 여겨 몸소 시련을 겪어야 하는 것입니까!

젊은이들이 피눈물을 흘리며 오로지 난잡하고 썩은 조종朝宗을 깨끗이 쓸어 내고 만인의 법을 반드시 바로잡고자 하는데, 조상이 다르다 하여 생각이 같지 않을 수 있겠습니까!

그러나 저들 일본은 더욱 무력으로 가로막아 앞으로 나아가는 길을 차단하고 있으니, 엄숙하신 하느님이시여! 어리석은 백성을 교화시킬 수 있도록 침묵으로 가만히 도와주시옵소서.

바르고 당당하게 그 대요를 짜게 해 주시고 충직하고 믿음직스럽게 이 병장기를 상용함으로써 동쪽을 안정시키고 서쪽을 평정할 수 있도록 정의의 부월斧鉞-도끼을 특별히 내려주옵소서.

을지문덕 장군이 끼치신 기백과 이순신 장군의 굳센 정신으로 나라의 치욕을 씻고 흉적을 제거하게 함으로써 사방 여러 나라의 상서로움이 되게 해 주옵소서.

천연의 해자垓字-흔히 양자강을 가리키는 말가 넘쳐 홍수가 일어나도 국경은 굳건하게 남아 있을 것이니 밝으신 하늘의 명으로 백성들을 새롭게 인도하여 나라의 신성한 보배를 도로 찾게 해 주시옵소서.

장차 백두산으로 나아가고자 뜨거운 눈물로 이 글을 기록하오니 거울처럼 비추어주시는 하늘과 땅의 신이시여! 이 뜻을 환하게 밝혀 주시옵고 제사의 예를 받으소서!

이후 조용히 고향에 내려와 있던 그는 제자 최수봉 의사의 사형 소식을 듣고 그 시신을 운구하기 위한 대책을 마련하고 장례를 위한 조의금을 모집하였다. 밀양 청년회원들과 함께 장례를 진행하던 을강은 1921년 7월 18일 부령 제160호 및 기부금 모집 추제 규칙 위반 및 사형당한 자에게 동정하고, 반역사상을 칭찬하였다는 죄명으로 기소되었다. 이로 인해 당시로는 거금인 벌금 100원의 형을 받은 공적이 인정되어 2018년 3.1절을 맞아 건국포장을 추서받았다.

한 사람의 위대한 지도자는 수많은 영웅들을 만들었고, 그들과 함께 조국의 광복을 위해 노력하였던 아름다운 동행은 밀양의 거리거리에 넘쳐나고, 미래를 꿈꾸는 밀양인들의 가슴에 자랑으로 남았다. 그 영웅들의 이야기는 끝나지 않은 이야기로 이곳 밀양에서 영원히 지속될 것이다.

밀양 출신 독립운동가들의 정신적 지주 황상규와 의열단

'백의민족'의 준말, 즉 백민白民을 자신의 호로 정하였던 사람! 그러나 이 '백민'은 헐벗은 민초라는 뜻으로 우리 민족을 사랑하는 마음을 그대로 보여 주는 것이다. 밀양을 대표하는 또 한 사람의 민족지도자이며 독립운동가이자 위대한 스승인 황상규黃尙奎, 그는 약산 김원봉의 스승이자 고모부이다.

약산若山이라는 호는 백민 황상규가 지어 준 것이다. 백민은 서울 중앙학교 시절 약산과 친교를 나누던 김두전에게는 약수若水, 이명건에게는 여성如星이라 하여 모두 한결같기를 기원하면서 호를 지어 주었다.

대한제국 시기 밀양의 진성학교를 졸업하고, 약관 18세 때부터 독립운동에 뜻을 품고 상동 고명학원, 마산 창신학교 설립에 힘을 모았다. 청년 학도를 교육하였던 교사 백민은 『동국사략』이라는 역사 교재를 직접 지어 교육에 활용하였다. 그의 호 백민에서 알 수 있는 것처럼 그는 강렬한 민족의식을 지녀 한 점 티끌 없이 순직하고도 소탈하게 낮은 자리의 삶을 살겠다는 결의를 가진 인물이었다. 그를 두고 많은 사람들이 삼국지 속의 명장 관우와도 같이 무게 있고 믿음직스러운 언행과 불퇴전의 용기와 한없이 넓은 도량을 갖춘 인물이라 하여 '관운장'이라 불렀다.

백민은 을강 전홍표가 세운 동화학교에서 후학을 양성하는 등 지역 교육에 앞장섰으며 1913년경 20세 전후의 밀양과 경남 지역의 청년들이 조직한 일합사一合社에 주도적으로 참여하였다. 이 단체는 겉으로는 친목을 위장하였으나, '국권회복에 청춘을 바치겠다'라는 비장한 결의를 품은 청년들이 조직한 항일투쟁단체였으며, 핵심 인물은 김대지, 구영필, 윤치형, 안확, 이각, 명도석 그리고 백민이었다.

경북 풍기에서 조직된 풍기광복단, 조선국권회복단과 연합하여 '대한광복회大韓光復會'를 조직할 때 일합사도 함께하였으며, 군자금 확보와 무기 구입을 위한 공격적 거사를 수차례 감행하였다. 그로 인해 조직이 노출되었고 구영필과 김대지는 징역형을 선고받았다. 그러자 백민은 조국을 떠나 광복회의 만주 본부가 있는 길림으로 향하였고, 이곳에서 대종교를 봉교하며 교육 사업을 펼치고 있던 단애 윤세복의 도움으로 북로군정서를 조직하였다. 북로군정서의 재무 총책에 임명된 백민은 군자금 모금에 주력하였다. 그뿐만 아니라 대한독립선언의 서명자 39인 중의 한 사람으로 활동하였다. 그리고 여준, 조소앙, 손일민, 김좌진 등과 함께 대한독립의군부大韓獨立義軍府를 결성하고 재무를 담당하였다.

1919년 4월 상하이에서 대한민국임시정부가 수립되자 역시 재정위원으로 선임되어 자금 조달에 진력하였고 18만 원당시 쌀 1두에 25전의 거금을 모아 전달하였다. 또한 동양척식회사의 창녕 지역 관리인인 양인보梁仁甫를 설득하여 창녕군의 소작료 1년분을 임시정부에 헌납하도록 하는 일을 해냈다.

1919년 4월 조선독립군정사朝鮮獨立軍政事로 개칭한 뒤 무장투쟁을 준비하면서 '육탄혈전肉彈血戰'을 감행하기 위해 결사대를 조직하는 데 뜻을 모은 뒤, 금릉대학에서 수학 중인 조카이자 제자인 김원봉을 길림으로 불렀다.

1919년 11월 10일 역사적인 창단을 한 의열단은 이렇게 백민을 비롯한 밀양 지역의 스승들이 모범이 되고 그 제자들이 주축을 이루어

황상규(가운데)와 의열단원.

성립된 것이다. 위대한 스승의 가르침, 그 가르침을 소화하여 스승보다 더 위대한 제자들이 자라나 조국 광복을 위해 자신의 생명을 초개처럼 바친 밀양인, 그리고 수많은 의열투쟁을 전개한 의사와 열사, 그리고 모든 분야에서 나름의 독립운동을 전개한 일제강점기의 모든 투사들, 그들의 희생이 지금의 대한민국을 만든 것이다.

더욱 놀라운 것은 의열단의 제1차국내폭파의거를 진행하는 과정에서 황상규는 제자들을 앞세운 것이 아니라 손수 모범을 보이며 국내로 들어와 의거를 주도하다 체포되어 7년형을 선고받아 복역하였다. 솔선하는 스승의 모습, 이 얼마나 아름다운가. 더구나 황상규는 체포되어 온갖 고문을 받고도 혀를 깨물어 비밀을 발설하지 않아 '백지기소白紙起訴'라는 최초의 사건을 만들었다. 백민의 이와 같은 언행일치의 혁명가적 자세는 의열단 정신의 원초 공급자로서의 모습 그 자체였다.

출옥 후에도 조선어연구회 회원 등의 활동을 하다 신간회가 조직되자 출옥한 윤세주와 더불어 신간회 밀양지회를 구성하고 그 대표를 역임하였다. 1929년에는 전국복대표회의에서 중앙집행위원에 선임, 중앙서기장에 임명되었다. 광주학생항일운동이 일어나자 서무부장의 자격으로 김병로金炳魯, 조병옥趙炳玉과 함께 진상을 파악하였다. 그러나 진상 조사 발표 당시 황상규의 모습이 보이지 않아 많은 이들이 궁금해 하였다. 최근 그와 관련된 당시 신문 기사를 통해 그가 신병을 앓고 있었음을 확인할 수 있었다.

1932년 9월 2일, 자신이 몸담았던 신간회가 해소된 후 의기가 꺾인 그는 다시 일어서지 못하였다. 당시 신문 기사에는 「황상규 씨 별세, 전 신간회 서기장 2일 밤 밀양 자택에서 별세, 대중의 벗으로 공적이 파다」라는 제목으로 그에 대한 내용이 실렸고, 9월 9일 자에는 「만여 명 집회, 황상규 씨 안장, 경찰은 철옹성 같은 경계, 각지 동지들이 운집」이라는 기사가 실렸다.

백민은 평소 "나는 죽어도 집에서는 죽지 않고 대중을 위하여 밖에서 일하다가 죽겠다."라고 다짐하였으나 갑작스런 병고로 41세의 젊은 나이에 작고하였다. 고문과 옥고의 후유증, 출옥 후의 과업으로 인한 과로, 그리고 신간회 자진 해체가 야기한 심적 충격과 울분이 그를 병고로 몰아넣을 것이라 생각하면 안타까운 마음 금할 길 없다. 9월 6일 사회장으로 치러진 그의 장례식에는 10여 만의 사람이 모여들었고, 다음 날에는 서울 천도교 기념관에서 200여 명이 추도식을 거행하였다. 그의 죽음 이후 밀양에는 독립운동에 대한 검거 열풍이 불었고, 함께 일하였던 윤세주는 존경하는 스승을 떠나보내며 중국에서 활동 중인 김원봉을 찾아 떠날 결심을 하게 되었다.

당시 동아일보 기사에 '황상규의 가정은 가난에 가난이 더해져서, 지금 있는 집도 남의 집과 다름없는 것이었고, 한 뼘 땅도 없는 가정에 70세 노모, 어린 두 아들, 출가한 딸 하나와 당년 40세인 부인이 남겨졌다'라고 쓰여 있다. 그가 7년간의 옥고를 치르고 출옥하니 아들과 딸아이가 이미 세상을 뜨고 없었으나, 주저앉지 않고 다시 일어나 제자들에게 본이 되었던 황상규!

어떤 이는 그를 이렇게 평한다. '인류의 보편적 가치를 온몸으로 실천하였던 실천가이자 어떠한 고난에도 굴하지 않은 불굴의 행동가이며, 다양한 분야에서 자신의 삶을 독립운동에 헌신한 활동가였다'며 백민의 이러한 삶이 제자들의 본이 되었고, 그가 걸었던 걸음걸음을 본받고자 노력하는 제자들이 결국 조국을 일제 강도로부터 되찾았다.

의열단 활동에 기여한 대한민국임시정부의 투사 김대지

유일한 사진으로 알려진 사진 속의 일봉 선생의 모습은 너무나 선하다. 그 선한 눈매를 보면 인자한 아버지의 모습으로 영락없다. 그의 둘째 아들 결혼식 날 찍은 이 사진은 함께 있는 아들을 살짝 지우고 그의 초상화가 되었다. 너무나 가난해 약 한 첩 써 보지 못하고 어린 자녀와 부인이 죽어 갔지만 조국 광복을 위한 그의 열정은 한시도 꺾이지 않았다.

가난한 유생으로 태어나 지역 유지들이 세운 동화학교에서 수학한

김대지(왼쪽) 선생과 그의 아들 김명.

후 모교에서 후학을 양성하던 일봉 김대지는 백민 황상규, 구영필 등과 함께 청춘의 일편단심을 바치기 위해 '일합사'를 조직하였고, 이를 규합한 대한광복회에서 활동하다 발각되어 4월형을 복역하였다. 일본 경찰을 피해 망명길에 오른 일봉 김대지는 대한독립의군부의 황상규와 만주 광복단의 참모인 회당 손일민을 만나 무장투쟁을 위한 땅 매입을 의논하였으나, 여의치 않아 작탄투쟁을 위한 결사대를 조직하기로 하고 김원봉을 불러 의열단이 창단될 수 있도록 힘을 모았다.

의열단 창단 당시 김대지는 대한민국임시정부 임시의정원의 한 사람으로 활동하였으므로 상하이에 거주하고 있었다. 의열단 제1차국내폭파의거를 준비하는 과정에서 사용할 폭탄을 제조할 장소가 마땅치 않자 일봉은 임시정부 뒤편 보창로 보강리 60호에 있던 자신의 거처를 빌려주어 폭탄을 제조할 수 있도록 하였다.

의열단 인장印匠을 제작하고 의열단 활동의 자문 역할을 하였던 일봉은 임시정부의 외교적 독립노선에 불만을 품고 '북경군사통일회의'

발기인으로 동참하였고, 의열단의 활동에 직접 또는 간접적인 도움을 주었다.

일우 구영필의 요청으로 만주에 와 있던 김대지는 『발해의 옛도시 영안성』을 집필하면서 독립운동을 하던 중 1927년 밀양에 남겨졌던 부인박성이이 둘째 아들을 데리고 찾아오자 함께 거주하였다. 동지들과 밀양 처가의 도움으로 생활하던 일봉은 1920년대 후반 재정 확보가 어려워 병든 자식을 병원에 데려갈 수 없었고, 1934년에는 딸 화숙을 잃게 되었다. 더구나 부인은 아들 철중을 출산하다가 과다출혈로 인해 병원 한 번 가 보지 못하고 사망하였다. 아들 철중도 치료는커녕 제대로 먹지도 못하고 숨졌다. 이런 와중에도 일봉은 삼부육군주만 참의부, 정의부, 신민부의 통합운동에 앞장섰으며, 김동삼, 김좌진 등이 피살되는 것을 보면서도 마음을 다잡았다.

일봉은 1939년 경주 출신 아내조해선를 새로 맞아 아들 철은을 얻었다. 조국 광복을 위해 애쓰던 일봉을 위해 조 노인이 자신의 딸을 내어 주었던 것이다.

그러나 그는 조국 해방을 얼마 남기지 않은 1943년 만주 아성현 취원창에서 53세를 일기로 영면하였다.

뒤늦게 얻은 막내아들 철은은 지금 현재 신선사경주시 소재의 주지 스님으로 있으면서 일봉 김대지의 의관총을 만들어 조석으로 명복을 빌고 있다. 아버지에 대한 기억이라곤 무릎 위에 앉았을 때 꿀밤을 주며 살짝 내려놓는 것뿐이라는 철은용암 스님은 그 선한 눈매가 아버지를 꼭 빼닮았다. 아직 일봉의 아들로 인정받지 못하였으나, 아버지를 찾은 기쁨 그리고 자신의 아들에게 할아버지를 찾게 해 주었다는 사실에 눈물 흘리는 그 모습은 일봉의 현신인 듯하다. 1940년생인 철은은 자신이 누구의 아들인지도 모른 채 6.25전쟁 중 살기 어려워 절에 들어와 생활하였다. 훗날, 일봉 김대지의 둘째 아들인 철준김명의 딸 줄리아리김주영를 만나 혈육임을 확인한 그들은 가슴 찡한 대한민국 현대사의 한 장면을 또 연출하였다.

고향이 아닌 단석산 자락에 누워 있는 일봉 김대지는 비록 가묘이지만 그곳에서 아들의 공양을 조석으로 받고 있다. 그의 묘 앞에 서면 시신조차 찾지 못한 수많은 영령들의 울부짖음이 들리는 듯하다.

교육자이면서 임시정부의 의정원 의원, 내무위원 그리고 의열단에서의 활동 등 평생 조국의 광복을 위해 투쟁하였던 일봉 김대지. 을강 전홍표의 제자이면서 약산 등 밀양의 수많은 독립운동가의 스승이었던 그는 자녀와 부인을 잃었으나 죽는 날까지 일제와 싸웠다. 그를 기억하는 밀양인들은 그를 밀양의 위대한 스승이라 부른다. 본인뿐만 아니라 아들마저도 독립운동에 바친 일봉 김대지는 밀양인이 손꼽는 밀양의 참다운 스승이다.

백민 황상규와는 절친이면서 동지였던 김대지, 이 두 사람은 국내외에서 제자들에게 본을 보여 준 스승으로 제자들의 등대가 되어 제자들이 딴 길로 나아가지 못하도록 막아서고 있었다. 그래서인지 그들의 제자들은 배신을 몰랐고, 죽음도 두려워하지 않았다.

무엇을 위해 그들은 목숨마저 내놓았을까

기억은
산 자의 의무

〔네 번째 이야기〕

밀양!
그곳에 서면

영남루

계절이 다른 빛깔의 옷을 갈아입으면 훌쩍 떠나고 싶다. 봄은 봄대로 여름은 여름대로, 지친 녹색이 옷을 갈아입는 가을에는 더욱 더 둥지를 떠나고 싶다. 산이 좋아 산으로 물을 찾아 강으로 바다로, 없는 핑계마저 만들어 혼자만의 시간과 공간을 찾는다. 물론 가족과 함께하는 여행도 좋다. 오랜 벗들과 함께하는 여행은 또 다른 의미를 더한다. 요즘은 인터넷을 통해 볼거리, 먹거리를 찾아 기약 없이 떠나는 일들이 잦다. 그리고 여행지에서 뜻하지 않은 것들을 통해 느끼고 배우는 순간이 오면 괜히 숙연해지고 다음 여행을 기약하게 된다.

밀양을 찾는 사람들은 어떠한 마음으로 여행을 할까? 그리고 이들이 가장 먼저 찾는 곳은 어디일까?

어느 지역이든 그곳에 사는 누구에게라도 질문을 던졌을 때 알고 있는 곳, 그곳이 가장 잘 알려진 곳이 아닐까. 밀양을 상징하는 랜드마크는 무엇일까라고 하면 시민 모두가 공감하는 곳, 영남루일 것이다. 밀양을 다녀간 많은 사람들도 멋진 풍광을 지닌 영남루를 인상 깊게 기억하고 있을 것이다. 밀양 사람이면 여름철 이곳 루에 올라 눈앞의 정경을 바라보며 감상에 젖어 본 적이 있을 것이고, 외지에서 찾아와 영남루에서 밀양강과 그 정취에 취한 사람이라면 더욱 기억에 남아있을 섯이다.

영남루에는 우리가 알아야 할 역사가 없을까? 아는 만큼 보인다는 말이 가슴에 와 닿는 순간이 펼쳐질지도 모르겠다.

영남루는 본루, 능파각凌波却, 침류각沈流却과 뒷마당의 천진궁天眞宮, 밀양 박씨의 시조의 제단인 밀성대군지단密城大君之壇, 그리고 남으로 아랑사娥琅祀, 동으로 무봉사舞鳳寺, 밀양읍성으로 이루어진 대규모의 역사적 공간이다. 이곳에 담겨 있는 수많은 사연 중, 일제강점기 속으로 가면 무엇이 보일까?

귤산 이유원과 장승원, 그리고 노덕술

영남루에는 수많은 현판이 있다. 시詩, 부賦, 아랑전설까지 포함하여 영남루를 노래한 글을 쓴 이는 352명이다. 이 중 문과 급제자가 240명이며 이들 중 시호를 받은 사람은 84명, 문과를 거치지 않고 시호를 받은 사람이 7명이다. 이들 현판 가운데 귤산 이유원과 장승원의 글을 통해 영남루에 남아 있는 일제강점기의 역사를 되새겨 보자.

현판懸板은 '글씨를 쓴 널빤지를 걸었다'라는 뜻이며, 편액扁額은 '건물의 문 위 이마 부분에 써 놓은 글씨'라는 뜻이다. 다시 말하면 현판은 여러 개가 있을 수 있지만, 편액은 딱 하나, 건물의 정면 한가운데 걸려 있는 것이다.

영남루의 편액은 강 건너에서 볼 수 있는 성파 하동주 선생1869~1943이 쓴 '영남루嶺南樓'이다. 성파는 평생 김정희의 추사체를 써 온 명필가이다.

양 익루의 능파각과 침류각의 편액은 배수환 선생이 1957년에 쓴 것이다.

영남루 북쪽 마당에서 보이는 곳에 현판 세 개가 걸려 있다. 영남루를 찾는 많은 이들은 이 현판들을 영남루의 편액으로 오인하기도 한다. 강좌웅부江左雄府, 영남루嶺南樓, 교남명루嶠南名樓 이 세 현판 중 한가운데 있는 것은 송하 조윤형 선생의 글씨이다. 시·서·화 모두에 능

영남루 현판.

하였던 선생은 한쪽으로 치우친 글을 써서 생동감을 더하였다.

송하 글 양 옆의 현판은 귤산橘山 이유원李裕元, 1814~1888 선생의 글씨이다. 귤산은 우당 이회영의 방계 숙부로 고종이 아버지인 흥선대원군의 섭정에서 벗어나 친정親政을 할 당시 영의정을 역임하였다. 그의 후계자인 아들이 천연두로 죽자 대를 이을 후손이 없어 우당의 둘째 형인 이석영을 양자로 맞이하였다. 이유원이 1888년에 죽음을 맞이하자 그의 재산은 우당 집안의 재산과 합쳐져 당대 최고가 되었고, 이 재산은 일제의 병탄에서 독립하기 위한 자금으로 활용되었다.

전재산을 바쳐 신흥무관학교를 건설한 우당 이회영.

우당 이회영은 다른 형제들과 의논하여 남만주서간도의 삼원보라는 곳을 차용하여 독립운동기지로 조성하고 신흥무관학교를 건설하여 독립군 장교를 양성하였다. 실제 서울의 명동과 저동, 그리고 경기도 남양주의 토지는 이유원의 재산으로 우당의 형제들이 만들었던 40만원당시 1원을 현재의 20,000원으로 환산하면 800억 원쯤 된다 상당의 독립운동 자금의 많은 부분을 차지하였다.

그러나 이 많은 재산을 조국의 광복을 위해 바쳤던 이석영 선생은 먹을 것이 없어 두부 만들고 남은 콩비지를 얻어먹다 1934년 상하이에서 굶어 죽었다. 재산가인 아버지가 비렁뱅이가 되어 구걸을 하는 것에 충격을 받은 그의 아들 이규서는 배고픔에 자신의 작은 아버지인 이회영의 행방을 일본 경찰에게 알렸고, 우당이 체포되었다. 이회영은 대련항에서 기다리고 있던 일본 경찰에 붙잡혔고, 모진 고문으로 여순 감옥에서 65세로 순국하였다.

우당이 죽은 날은 조선의 외교권이 박탈된 날과 같은 11월 17일이고, 그의 시신은 아직도 찾지 못하였다. 부인과 함께 합장되어 있는 무덤은 사실 헛묘이다. 작은아버지를 밀고하였던 이규서는 이회영의 동지인 백정기에 의해 처단되었다.

6형제 중 유일하게 살아 남아 해방을 맞이한 사람은 다섯째인 이시영으로, 대한민국 정부 수립 당시 부통령을 역임하다 6.25전쟁 중 국민방위군 사건 등을 항의하면서 부통령에서 스스로 물러났다. 그는 부통령 시절 영남루 뒷마당의 천진궁에서 하늘에 제사 지내는 어천대

한국광복군 창설에도 많은 기여를 한 신흥무관학교 졸업생.

제음력 3월 15일와 개천대제음력 10월 3일 때 초헌관으로 집전하였다. 그때 귤산의 글씨가 그를 지켜보지 않았을까?

귤산은 당대 최고의 서예가이며, 특히 예서에 능해 명망이 높았다. 그런 그가 영남루의 아름다움에 취해 현판을 둘이나 썼다. 그가 쓴 '교남명루'와 '강좌웅부'의 예서체 현판은 밀양의 독립운동가들과 더불어 새로운 생명을 얻고 있으며, 이를 감상하며 이유원과 이석영, 그리고 이회영을 떠올리는 것은 자연스러운 일이다.

2014부터 2015년까지, "난잎으로 칼을 얻다."라는 이름의 전시회가 서울과 광주에서 열렸다. 추위와 굶주림에 시달리면서도 묵란墨蘭을 치고, 그 그림을 팔아 독립운동 자금을 마련하였던 우당 이회영을 비롯한 여섯 형제를 추도하면서 독립운동사에 난초 한 그루를 심는 심미안이라는 뜻을 담은 전시였다.

영남루 안 중앙 북쪽 면에 또 하나의 현판이 있다. 가까운 시기에 만들어진 것이라 상태가 좋고 글씨도 아름다워 사람들의 눈길을 끈다. 바로 경상북도 관찰사를 역임한 장승원의 시문현판이다.

장승원張承遠은 경북 칠곡 출신으로 1907년 퇴임한 후 구미에서 거주하였다. 그는 1915년 비밀결사로 만들어진 대한광복회 회원들의 군자금 요구1917에 불응하다 박상진, 황상규 등 대한광복회 회원들에 의해 피살되었다.

장승원은 그가 관찰사로 임명될 당시 왕산旺山 허위許蔿, 1855~1908 선생의 추천을 받았다. 장승원이 그에 대한 보답을 하려하자 허위 선생은 이를 거절하며 훗날 필요시 달라고 하였다. 이에 대한광복회 회원들이 장승원에게 군자금을 요구하였던 것이다. 그러나 그는 이 사실을 일본 경찰에 고발하였고, 이에 대한광복회 회원들이 그를 처단하였다. 이런 장승원이 관찰사 시절 영남루를 돌아보고 노래한 현판이 중앙에 걸려 있다. 그가 쓴 현판은 다음과 같다.

관찰사 운정 장승원

危樓高架嶺南天위루고가영남천
迢遞登臨古郭前초체등임고곽전
牛背斜陽平楚外우배사양평초외
鴨頭春浪斷橋邊압두춘랑단교변

千家翠竹懸江雨천가취죽현강우
萬里雷車掣海烟만리뢰거체해연
三十七年中到客삼십칠년중도객
東風水瀰洛花亭동풍수살낙화정

높이 솟은 누각 영남 하늘에 높다랗게 다다르고

아스라이 옛 성곽 앞에 올라 이제야 당도하였네
소잔등의 석양은 넓은 들 너머요
시퍼런 봄 물결은 끊어진 다리 곁이로다
일천의 집 푸른 대나무는 강의 비를 매달았고
일만 리 천둥 치는 수레는 바다 연기를 채어 간다
삼십칠 년 만에 다시 영남루에 온 나그네는
동풍에 꽃 지는 자리에서 근심일랑 하나 없네

장승원은 1899년 청송부사로 재임할 당시 아름다움을 바라본다는 뜻의 망미정望美亭을 기암절벽 위에 세워 아래의 소沼를 볼 수 있게 만들기도 하였다.

장승원의 아들 장택상은 해방 이후 미군정 시기 수도경찰청장, 대한민국 정부 수립 당시에는 외무부 장관을 역임하였다. 6.25전쟁으로 인해 부산으로 피난할 당시 국무총리를 역임하면서 발췌개헌안을 기립 표결로 가결시킨 그는 이승만 장기집권에 기여하였다. 장승원은 그의 장남 장길상과 함께 친일친명사전에 등재되었고, 그의 아들 장택상은 친미의 길을 걸었다. 수도경찰청장 시절, 아버지에 대한 복수를 위해 대한광복회 회원이었던 황상규의 제자이자 조카인 약산 김원봉을 파업주동자로 몰아 체포하였다. 그의 명령을 받아 약산을 체포한 사람은 다름 아닌 노덕술盧德述, 1899~1968이었다.

노덕술은 말단 순사에서부터 시작하여 1943년 경시警視가 된 인물이다. 경시는 오늘날의 총경급에 해당하는데 일제강점기 동안 경시까지 오른 한국인은 8명이며 밑바닥에서 최고의 자리까지 승진한 사람은 노덕술 한 명뿐이다. 노덕술은 해방 후 송진우 암살범을 체포하면서 이승만의 신임을 얻었고 김원봉을 검거하는 등 친일 세력임에도 불구하고 해방의 공간에서 활개를 친 인물이었다.

대한민국 정부 수립 이후 반민족행위처벌특별위원회에 의해 체포되었으나, 이승만의 공식적인 석방 요구로 1949년 7월 병보석으로 풀려났다. 1950년 군軍으로 자리를 옮긴 그는 육군 제1사단 헌병대장으로 재직하면서 1952년 부산 정치파동의 실행자로 이승만 정권 연장의 선봉에 섰다. 1960년 4.19혁명 이후 제5대 국회 민의원 선거에 출마하였으나 4%의 지지율로 낙선하고, 1968년 서울에서 사망하였다. 그가 살았던 궁정동 집은 김재규가 박정희를 죽인 장소였고 지금은 청와대 앞 무궁화 동산으로 꾸며져 있다. 일제강점기 각종 고문의 70%를 만든 사람이며, 수많은 사건들을 조작하여 무고한 이들을 학살한 사람이 바로 노덕술이다.

이런 노덕술에게 체포되었으니 김원봉의 분노가 어떠하였을지! 그런데 약산은 화장실에서 끌려 나왔다고 한다. 김원봉의 술회에 의하면 "일제강점기 36년 동안 한 번도 잡힌 적인 없었는데, 해방된 조국에서, 더군다나 친일파인 노덕술에게 잡히다니." 하면서 사흘 동안 피눈물을 흘렸다고 한다. 더구나 김원봉이 종로경찰서에 갇혀 있던 열흘 사이에 그의 둘째 아들 철근鐵根이 태어났다.

천진궁*과 윤세복

일반인의 초상은 사진寫眞, 임금의 초상은 어진御眞, 단군왕검의 초상은 천진天眞이라고 한다. 그래서 천진궁은 단군의 초상과 역대 왕조의 위패를 모셔 놓은 궁궐인 셈이다. 정부 수립 직후에는 이시영 부통령이 어천대제음력 3월 15일, 개천대제음력 10월 3일를 직접 주관한 곳이기도 하다.

해방 이후 일본 신사가 철거되고 밀양의 유지들이 '단군봉안회'를 발족하여 침류당에 그 본부를 두었다가 1953년 요선관지금의 천진궁과 이주문지금의 만덕문을 전면 보수하고 단군봉안전으로 삼았다.

동학농민운동 이후 밀양에 주둔하였던 일본헌병대는 영남루를 강점하고 천진궁을 무고한 백성을 잡아 고문하는 옥사로 사용하였고, 시조들의 위패를 땅에 묻어 버렸다. 일제강점기에도 이곳을 옥사로 사용하였고, 그 앞을 뭇사람들이 짓밟고 아동산 중턱에 위치한 신사神社로 향하도록 만들어 우리의 얼을 말살하려 하였다. 1953년 천진궁을 복원하였는데, 이는 건물만 복원한 것이 아니라 민족의 정통성을 회복하였다는 상징성을 나타내기도 한다.

단군의 천진과 역대 왕조의 위패를 모셔 놓은 이곳은 대종교의 성지이기도 하다. 이에 일제강점기에 종교가 아닌 반일단체로 규정되었던 대종교의 3대 도사교교주를 역임하였던 단애 윤세복 선생의 삶을 돌

* 天眞宮, 경상남도지정 유형 문화재 제117호

아보는 것은 일제강점기 투쟁한 선열들의 얼을 되새기는 일이기도 하다.

단애檀崖 윤세복은 부북면 무연리 318번지에서 태어나 홍암 나철을 만난 후, 형인 백암 윤세용과 자신의 전 재산을 팔아 중국으로 망명하였다. 본명이 세린世麟이었으나, 국권 회복의 의지를 담은 세복世復으로 고치고 '단애'라는 도호를 받으며 대종교에 입교하였다. 단애는 환인현 서문안 정양가도에 동창학교를 설립하여 "한민족의 조상은 백두산 기슭에서 나왔다. 중국 민족이나 일본 민족은 그 지류에 불과할 뿐이다. 따라서 우리 모두 국권 회복에 노력하여 부여국과 부여 민족의 독립 발전을 도모하지 않으면 안 된다."라며 학생들을 교육하였다. 이 학교의 교장은 이원식, 교사는 김규찬, 김동석, 김진, 신채호, 박은식, 이극로 등이었으며, 이들로부터 민족 교육을 받은 수많은 독립투사가 탄생하였다. 단애는 1919년 2월, 민족지도자 39인이 서명하여 선포한 「대한독립선언무오독립선언」에 황상규, 손일민 등과 함께 서명한 밀양인이기도 하다. 간도참변 당시 한 사람의 동포라도 더 살리기 위해 노력하였고, 서일의 자결 이후 그 역할을 대신하며 대종교의 확장과 독립운동에 매진하였다.

이후 대종교의 2대 도사교 김교헌의 유지로 3대 도사교가 된 단애는 미쓰야협정삼시협정, 1925 이후 대종교를 괴롭히는 일제를 피해 밀산으로 총본산을 옮긴 다음 백산 안희제와 더불어 발해농장을 운영하면서 독립운동의 인적·물적 기반을 마련하고자 노력하였다.

조선 총독부의 미쓰야 미야소三矢宮松 경무국장과 만주 봉천성 경무국장 우진于珍 사이에 맺어진 미쓰야협정은 만주 지역에서 활동하던 조선 독립운동가들에게는 위협이 될 수밖에 없었다.

그럼에도 커져 가는 대종교의 교세를 위협으로 느낀 일제는 이극로의 편지 한 통을 빌미로 '임오교변壬午敎變'을 획책하여 단애 등 대종교의 지도자들을 검거하였다. 편지에는 '널리 펴는 말'이라는 글이 동봉되어 있었는데, 그 내용은 다음과 같았다.

> 그런데 이제는 때가 왔다. 우리는 모두 힘을 발휘하여 대종교의 만년 대계를 세우고 나아가야 된다. 이 어찌 우연이랴. 오는 복을 받아들이지 아니하는 것도 큰 죄가 되는 것을 깊이 깨달아야 된다. 만나기 어려운 광명의 세계는 왔다. 반석 위에 천진의 교당을 짓자! 기름진 만주벌판에 대종학원을 세워서 억센 일꾼을 길러 내자! 우리에게는 오직 희망과 광명이 있을 뿐이다. 일어나라, 움직이라! 한배검이 도우신다.

일제는 '널리 펴는 말'을 '조선독립선언서'라 하고 '일어나라, 움직이라'를 '봉기하자, 폭동하자'로 날조하여 이를 구실로 대종교 지도자를 체포하였다.

만주 동경성 시기(1935~1945)의 대종교 총본사와 직원. 앞줄 왼쪽에서 두 번째가 단애 윤세복 선생.

안희제, 오근태, 강철수 등 10명이 숨진 이 사건으로 단애는 무기형을 언도받아 액하형무소에서 복역 중 해방을 맞아 출옥하였다. 1946년 귀국한 그는 개인 재산 한 푼 없이 대종교 교당에서 최후를 맞이하였다.

안타까운 것은 단애 윤세복과 그의 형 백암 윤세용, 백암의 아들 윤창선이 태어난 부북면 무연리 318번지는 동네 사람 어느 누구도 기억하지 못하는 장소였다는 사실이다. 세 분의 뜻을 이어가기 위해 2018년 밀양시에서 이들에 대한 기적비를 건립하였으나, 이미 잊힌 그들을 고향 사람들은 얼마나 살갑게 그리고 아프게 기억해 줄까?

밀성대군지단과
박춘금

천진궁의 출입문인 만덕문 옆으로 돌무덤 양식의 제단이 하나 있다. 제단에는 의친왕 이강의 글씨로 '밀성대군지단密城大君之壇'이 새겨져 있다. 밀성대군은 박혁거세의 30세손 박언침朴彦沈이다. 그는 신라 54대 경명왕의 아들로, 왕이 여덟 왕자에게 분봉할 때 밀양의 옛 지명인 밀성을 연고로 하여 '밀성대군'으로 봉해졌고, 이로 인해 그는 '밀양 박씨'의 시조가 되었다. 밀성대군은 세상을 떠돌다 밀양에 정착하였으며 이곳 어디에선가 생을 마감하였다는 이야기가 집안 대대로 내려왔다고 한다. 그러던 1922년, 대홍수 때 영남루 마당이 다 패여 석관石棺이 드러나자 박씨 문중에서 밀성대군의 것으로 추정하여 이곳에 제단을 세우게 된 것이다. 설립 과정을 살펴보면 1923년 3월 7일 무상으로 영남루 북쪽 정원 12평을 허락받아 사업 추진이 구체화되었고, 1924년 음력 5월 3일 전국 밀성 박씨 대종회를 영남루에서 개최하여 밀성대군의 제단을 준공하기로 하고 1925년 10월 19일에 단비를 세웠다.

이러한 일에 박춘금의 영향력이 작용한 것으로 알려져 있다.

박춘금은 『친일인명사전』에는 양산에서 출생한 것으로 되어 있으나, 많은 이들이 그를 밀양 사람으로 알고 있다. 어려서부터 이곳 밀양으로 이주하여 오랜 세월을 살았고, 부인과 딸도 이곳 밀양에 거주하였기 때문에 사람들은 그를 밀양인으로 알고, 많은 저서에도 그렇게 소개되었다.

여기서 민족문제연구소에서 오래도록 일하였던 박한용 씨와의 만남을 소개할까 한다.

2000년 초여름, 박춘금의 무덤과 송덕비가 밀양에 있다는 사실을 알게 된 당시 민족문제연구소 고故조문기 이사장의 밀양 탐방에 이어 그가 왔다. 목소리만 들었던 두 사람은 밀양역에서 만나 박춘금의 묘소 앞에 세워진 그의 송덕비 앞에 섰다. 우기가 있어 빗방울이 약하게 떨어지는 가운데 두 사람은 비의 4면에다 종이를 붙이고 탑본 작업에 들어갔다. 공덕비의 높이가 2미터 정도여서 탑본이 쉽지 않았다. 잠시 쉬는 동안 박 실장이 내게 “지역의 고등학교를 졸업하고 지역에서 고교 교사를 하면서 이런 비를 왜 두고 보느냐?”라고 하였다.

그 질문에 대한 답 대신 나는 그에게 “내가 알기론 박 선생님은 고려대학교 사학과를 졸업하신 걸로 알고 있고, 또 고려대학은 민족고대라 자부하는 학교인데, 그 학교에는 왜 인촌 김성수의 동상이 그대로 있냐?”라고 되물었다. 이후 우리는 동지가 되었다.

박춘금은 1891년 4월 17일 양산에서 태어나 밀양에서 자랐다.

1905년부터 대구 병영에서 급사로 일하며 일본어를 익혀 일찍 배를 타고 일본으로 건너가 폭력배 거두인 도야마 미쓰루頭山滿와 교류하였다. 1920년 이기동과 함께 조선인 노동자들을 모아 '노동상구회'를 만들었으며, 이를 '상애회相愛會'로 개편하였다. 겉으로는 인류상애의 정신과 공존공영의 본의에 입각한다 하였으나, 일본 자본가의 이익을 위해 철저하게 노동자를 착취하였고, 상애회는 일본 당국과 협력한 폭력조직이었다.

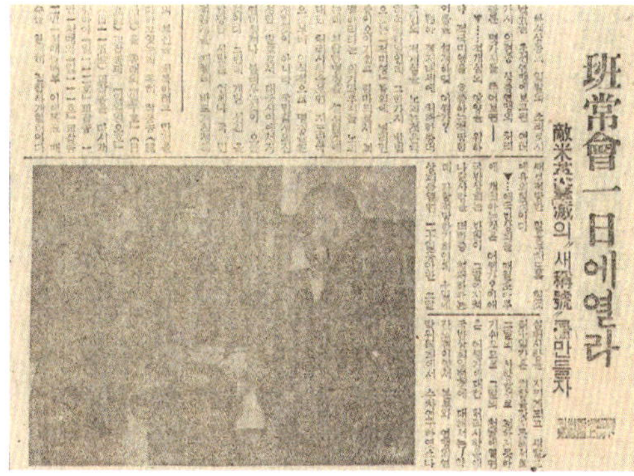

1943년 8월 5일자 매일신보 석간신문에 실린 박춘금(왼쪽). 총독부에 국방헌금 3만원을 기부한다는 내용의 기사.

특히, 1923년 9월 1일 관동대지진이 일어나자 상애회 회원으로 한국인 노동봉사대를 조직하여 시신 정리와 거리 청소를 도맡아 하였다. 우리 동포 6,000여 명이 학살당할 때 그 뒤처리를 해 준 단체가 바로 상애회이다. 박춘금은 1924년 상애회 서울지부격인 노동상애회를 서울에도 조직하였고, 친일단체 '각파유지연맹'에도 참여하였다. 이를 비난하던 동아일보 사장실을 점령하여 편집장을 감금하고, 송진우 사장을 폭행하였다. 1924년 7월 하의도 소작쟁의를 하던 농민청년회를 습격하는 등 일제 통치의 앞잡이 노릇을 하였다.

일본 정재계의 후원을 받으며 생활하던 그는 1930년대 재일본노동자의 결혼을 주선한다는 명목으로 여공들을 납치, 감금하고 더러는 겁탈까지 하며 노동자를 팔아 넘겼다. 조선총독부 경무국장인 마루야마는 상애회를 적극적으로 후원하고, 이 단체가 1928년 재단법인화 되자 그 이사장직을 맡았다. 박춘금은 1932년 3월 제18회 중의원 의원 선거에 도쿄 제4구에서 입후보해 대의사일본 중의원의 속칭에 당선되었다. 일제강점기 조선인으로 중의원 의원을 지낸 것은 박춘금이 처음이자 유일하였다. 중일전쟁이 발발하고 조선에서 지원병제도를 실시한다고 발표하자 박춘금은 이에 대한 축하의 뜻을 전하고 조선지원병제도 제정축하회가 결성되자 발기인으로 참가하였다. 그는 조선인 각 단체 대표 60여 명을 이끌고 궁성 요배, 야스쿠니신사 참배, 메이지신궁 참배를 한 후 대동아전쟁의 필승을 기원하는 행사를 주관하였다.

1943년 국방비 3만 원을 헌납하고, 도쿄 릿쿄대학 법학부 3학년에 재학 중이던 외아들을 지원병으로 보냈다. 그리고 '조선에 고한다. 활로를 바로 가자, 오직 황민화가 있을 뿐'이라는 강연을 통해 '4천이나 5천이 죽어 2천 5백만 민중이 잘 된다면 이보다 더 좋은 일이 어디 또 있겠는가?'라며 학도병 출정을 독려하였다. 그는 정말 뼛속까지 일본인이었다.

1945년 6월 대의당大義黨을 조직하고 당수에 취임한 뒤, 7월 24일

경성부 부민관에서 대의당 주최로 아시아민족분격대회를 대대적으로 열었다. 이 날 행사에 조문기, 유만수, 강윤국 세 청년이 시한폭탄을 터뜨려 대회를 무산시키는 '부민관 폭탄 의거'을 단행하였다.

박춘금은 대의당이 뜻대로 되지 않자 일본으로 피신하였다가 해방 후 미군정이 친일파를 재등용하자 한국으로 돌아와 정치활동을 하기 위해 다방면으로 노력하였다. 그러나 그의 친일 행위는 결코 용서받을 수 없는 것이었기에 일본으로 다시 돌아갈 수밖에 없었다. 반민특위에서 반민족행위 피의자로 지목해 맥아더 사령관에게 체포하여 송환해 줄 것을 요청할 정도였다.

1973년 일본에서 죽은 그의 무덤이 1990년대 후반 밀양에서 발견되었다. 밀양성당 건축과 도로 개설 과정에서 그의 재산이 드러났고, 그의 소유지 야산에서 그와 그의 아버지 무덤, 그리고 그를 찬양한 송덕비가 발견되었다.

민족문제연구소가 중심이 되어 박춘금의 무덤과 송덕비 철거를 위한 노력 중에 후손들은 철거의 뜻이 없다 하였으나, 어느 순간 그의 무덤과 송덕비가 사라졌다. 그의 반민족행위를 알릴 증거들이 사라져 버린 것이다. 그러나 영남루 뒷마당의 밀성대군지단을 통해 민족을 배반한 사람은 그 사실이 언젠가는 드러나 치부를 보일 수밖에 없다는 교훈을 얻는다.

신라를 건국한 박혁거세의 후손이, 왜놈이라면 치를 떨던 수많은 신라 왕의 후손인 밀성대군이 일본식 묘제에 누워 절을 받고 있는 것이다. 영남루 국보 추진을 위해 이를 옮겨야 한다는 여론 속에 오늘도 밀성대군은 칼을 빼든 두 무사의 호위를 받고 서 있다.

아랑사의 아랑 영정과 이당 김은호

영남루 아래 대나무 숲에는 아랑사당이 있다. '아랑'이라는 말은 '결혼하지 않은 양가집 규수'라는 보통 명사이며, 아랑사에 모셔진 아랑의 이름은 윤동옥이다. 그녀는 정절을 지키기 위해 자신의 목숨을 바쳐 밀양의 3대 정신의 하나인 '정순'을 대표하는 사람이 되었다. 그녀를 기리기 위해 육영수 여사가 직접 나서 영정이 만들어졌는데 영정을 그린 사람이 이당 김은호이다.

이당 김은호는 촉석루의 논개 영정과 우리가 사용하는 천 원권의 주인공 퇴계를 그린 화가로 1937년 중일전쟁이 발발하자 전쟁에 필요한 경비를 마련하자는 의미로 금차봉납도金釵奉納圖, 친일 여성단체의 대표가 총독 미나미에게 금비녀를 바치는 그림를 그려 헌납하고, 화필보국畫筆報國, 그림을 통해 나라일본제국에 충성하자을 위해 노력하였다.

해방 이후 그는 1962년 문화훈장대통령장을 받았으며, 1965년에 3.1문화상, 1968년에 예술원상을 각각 수상하였다. 그의 작품은 지금 현재 최고가로 매매되고 있다. 영남대학교를 방문하였을 때, 그의 작품들이 많이 전시되어 있어 놀랐던 기억이 새롭다.

'아랑사또'로 널리 알려지면서 밀양을 상징하는 또 하나의 인물이 아랑이며, 그녀를 기리는 사당인 아랑사는 비보사찰의 의미가 깊은 곳이다. 아동산을 '자라'의 형태로 본다면 사당의 위치는 자라의 가장 큰 약점인 목 부분이다. 그곳에 절을 지어 보완하는 의미를 갖는 비보사찰로 밀양인의 사랑을 받는 곳이다.

이당 김은호가 그린 '순종 어진' 초본.

부끄러운 역사도 누군가는 기억하고, 또 반민족행위도 언젠가는 드러난다는 사실을, 영남루에 올라 이 모든 역사를 품고 흐르는 해질녘 밀양강에서 배운다.

밀양 출신 점필재 김종직 선생이 영남루를 노래한 시 한 수가 떠오른다.

嶺南樓河泛舟 영남루하범주

김종직

檻外澄江百頃雲 함외등강백경운

畫船橫渡皺生紋 화선횡도추생문

晩來半醉撑篙看 만래반취탱고간

兩岸靑山更十分 양안청산갱십분

난간 너머 맑은 강 긴 이랑의 구름 아래

그림처럼 배 지나가니 주름살 무늬 생기누나

해질녘 얼큰 취해 노 젓는 모습 바라보니

양 기슭의 푸른 산이 더욱 새롭도다

표충비, 표충사 그리고 약산

밀양을 상징하는 3대 정신이 있다. 비로 충의와 지덕, 그리고 정순 정신이다. 여기에 새로 '독립정신'이 포함되어 4대 정신이 초등학교 교재에 수록되어 자라나는 아이들에게 교육되고 있다. 지역 교육지원청의 노력으로 일제강점기 조국의 광복을 위해 희생하신 분들의 정신을 지역의 정신으로 추가하여 배우고 있는 것이다.

4대 정신의 첫째로 손꼽히는 충의정신을 대표하는 밀양인은 사명당四溟堂 유정대사惟政大師이다. 사명당의 속성은 임씨이며, 본명은 응규應奎, 법명은 유정이다. 사명당은 13세 때 출가하여 직지사 신묵화상信黙和尙의 제자로 들어가 계를 받았다. 18세 때 봉은사에서 선과에 급제한 뒤 고경명高敬命 등과 교류하면서 유불사상을 넘나드는 사상의 체계를 갖게 되었다. 49세 되던 해인 1592년, 임진왜란이 발발하자 의승병을 모집, 연로한 서산대사 대신 총제도승병摠制都僧兵이 되어 유성룡과 함께 평양성 탈환에 앞장 섰다. 그 기세를 앞세워 벽제관, 행주산성, 수락대첩에서 승리를 거두었다. 이후 사명당은 활과 화살, 군기제조뿐만 아니라 옹기산성, 금오산성, 부산산성 수축과 군량미 비축을 주장하였다. 사명당은 전쟁 중 네 번에 걸쳐 적정을 탐정하며 가또 기요마사가등청정, 加藤清正와 담판하여, 국가 생존의 결정에 영향을 끼쳤다. 다시 말해 사명당은 이 과정에서 가또 기요마사와 고니시 유키나까소서행장, 小

西行長 사이의 갈등을 증폭시켜 적정을 분열시켰고, 일본과 명 사이에 교섭 중인 '조선 영토 8도 중 4도를 일본에 할양'하는 것과 '왕자 한 명을 일본에 영주'토록 하는 결정을 사전에 파악하여 국왕과 비변사에 보고하였다. 특히 기요마사와의 3차 회담 당시 "조선의 보배가 뭐냐?"라는 질문에 "당신의 목이 보배다."라고 응하여 그 담대함을 보였다. 이에 설보화상說寶和尙이라는 별칭을 얻게 되었다.

왜란이 끝난 뒤 일본의 외교 재개 요청에 응하지 않던 조선 정부는 1604년 사명당과 손문욱孫文彧을 적정 탐정의 명분으로 일본에 파견하였다. 사명당은 1605년 3월 도쿠가와 이에야스덕천가강, 德川家康를 만나 조선과 일본 사이의 강화를 논하였다. 사명당은 이 자리에서 '왜란 당시 왕릉을 도굴한 범인 인도, 포로 쇄환' 등을 요구하였다. 이에 대한 약속을 받고 두 나라 사이의 국교 재개 물꼬를 트게 하였다. 그러나 일본이 약속을 어기고 도굴범 대신 대마도인을 보내자 이를 규탄하며 1607년 양국의 선린우호를 위해 쇄환사가 파견되었다. 이가 바로 조선통신사의 전신이다. 4차부터 조선통신사로 개칭된 이 사절단은 1811년까지 12번에 걸쳐 일본에 조선의 선진문물을 전해 주고 260여 년간 전쟁이 없는 평화사절의 역할을 하였다.

사명당의 공적을 기리기 위해 밀양시 무안면에는 유림들이 세운 표충비가 있다. 경상남도 유형문화재 제15호로 지정된 이 비는 1742년 남붕선사南鵬禪師에 의해 건립된 것으로 높이 4m, 너비 1m, 두께가 54.5㎝이다. 검은색 대리석의 몸체돌과 화강암으로 된 받침돌, 머릿

돌로 구성된 이 비에는 서산대사西山大師, 기허대사騎虛大師, 그리고 유정대사의 업적이 기록되어 있다. 사명당의 비문은 이의현李宜顯이 짓고, 김진상金鎭商이 글자를 쓰고 맨 위의 전서체는 유척기兪拓基가 썼다. 서산대사의 비문은 이우신李雨臣이 짓고, 윤득화尹得和가 글자를 쓰고 위의 전서는 조명교曺命敎가 썼다. 비의 양면에는 표충사 사적비와 함께 비석 설립에 관계된 사람들의 명단이 실려 있다. 이는 이덕수李德壽가 짓고 서명균徐命均이 글자를 썼으며 맨 위의 전서는 조명교가 썼다.

이 비는 국가에 환란이 있을 때마다 땀을 흘려 그 조짐을 미리 알려 준다는 이야기로 유명하다. 이를 두고 지역민들은 사명당의 우국충정이 지금까지 전해지기 때문이라고 믿으며 이 비碑를 신성시하고 있다. 놀랍게도 땀방울은 글자의 획 안이나 머릿돌, 받침돌에는 맺히지 않는다. 차가운 돌에 부딪혀 생긴 결로 현상이라면 그곳에도 분명 땀이 흘러야 할 것인데 말이다.

인근의 중학교에 근무하던 시절, 비에서 땀이 흐른다는 소식을 접하고 달려와 보니 하얀 세마포를 비 바닥에 둘러 감싸 안도록 해 두고 있었다. 글자 틈 사이에서 생긴 땀방울들이 글자가 없는 곳으로 모이더니 한 방울씩 아래로 흘러내리기 시작하였다. 글자에서 그냥 떨어지는 경우 없이 글씨가 없는 빈 공간에 모여 흘러내리는 것 자체가 신기하고, 무언의 의미가 담긴 듯하였다.

경상남도 유형문화재 제52호로 지정된 표충사表忠寺는 신라 원효대

표충비각.

사가 건립한 것으로 알려져 있다. 원효가 나라의 번영과 삼국통일을 기원하고자 명산을 찾아다니던 중 제악산 산정에 올라 남쪽 계곡 대나무 숲에서 오색구름이 일고 있는 것을 보고, 터를 잡아 절을 세우고 죽림사라 이름하였다. 흥덕왕의 셋째 왕자가 악성 피부병에 걸려 전국의 명산과 명의를 찾던 중 죽림사에서 약수를 마시고 병을 치유하자 흥덕왕이 감탄하여 탑을 세우고 가람을 크게 부흥시켰고, 왕자가 마셨던 물을 영험한 우물 약수라는 뜻에서 '영정약수'라 하자, 이때부터 재약산 영정사靈井寺로 고쳐 불렀다. 1592년 임진왜란 때 사찰이 불에 타자 1600년에 중건하였고, 1679년 다시 소실되자 1680년 대규

모로 가람을 중건하였다.

조선 헌종 5년1839 서산대사, 사명대사, 기허대사를 모신 표충사당을 밀양시 무안면에서 옮겨오면서 절의 이름을 '표충사'로 고쳐 불렀다. 그 뒤 1983년 사명대사의 호국성지로 성역화되어 오늘에 이르렀다.

이곳 표충사는 1919년 4월 4일 일어난 밀양 용회동장터만세운동을 주도한 승려와 이를 적극적으로 도운 표충학원 학생들의 항일정신이 살아 있는 곳이기도 하다.

불교계를 대표한 만해 한용운 선생이 범어사와 통도사의 승려들에게 만세운동에 참여할 것을 독려하자, 통도사 소속 승려 5명이 표충사를 방문하여 만세운동을 계획하게 되었다.

4월 4일을 시위 당일로 정한 이유는 그 날이 단장면 용회동 장이 서는 날이기도 하거니와 사명당 유정대사의 춘향일이기도 하여 많은 불자와 농민들이 참여할 것이기 때문이었다. 이장옥, 이찰수, 구연운, 오응석, 오학성 등 승려들은 「독립선언서」 외에도 독자적으로 「선서」라는 문서를 인쇄하여 33인의 뜻을 받들어 조선을 위해 생명을 희생하여야 한다며 그들의 신탁선언을 배신하지 말아야 한다고 하였다. 이들과 주변 마을의 대표자들이 마을 사람들을 독려하여 5천여 명이 시위에 참가하였다. 364명이 검거되고 71명이 송치되어 형이 확정되었던 이 만세운동은 표충사 안에 있었던 표충학원의 50여 학생의 도움이 컸다.

특히 주지였던 조동희 스님의 그동안 행적으로 쌓은 신뢰의 덕도 큰 역할을 하였다. 조동희 주지는 불공평한 악습을 제거하고, 사찰 소유의 토지를 평균 분작하게 하였고, 화재로 재산 피해를 입은 주민들을 구휼하였으며, 불교강연단을 조직하여 계몽 강연을 펼쳤다. 더군다나 야학을 개설하여 빈민 노동자와 자제들을 교육하여 존경을 받고 있었다.

승려와 학생, 그리고 인근 마을의 주민들이 함께한 용회동장터만세운동은 3.1운동의 마지막 단계에서 볼 수 있는 폭력적인 양상을 띠었고, 헌병분견소를 파손하고, 일본인 헌병명화해차, 名和海次을 짓밟는 등 토지조사사업으로 피해를 입은 농민들의 심정이 그대로 담겨 있는 만세시위였다.

이러한 만세시위가 있기 전 김원봉은 밀양공립보통학교에서 일왕의 생일인 천장절에 일장기를 변소에 처넣어 퇴학 처분을 받았다. 일본에서는 일왕의 생일을 천장절天長節이라 한다. 일제강점기 동안 일왕이 세 명 존재하였으니 그 처음인 메이지 덴노明治의 생일은 11월 3일, 다이쇼 덴노大正는 8월 31일, 히로히토 덴노昭和는 4월 29일이다. 얼마 전 양위한 아키히토 덴노明仁의 생일은 12월 23일이고 새로 등극한 나루히토 덴노德仁는 2월 23일이다. 1911년 11월 3일 메이지明治의 생일에 일장기를 모독하여 학교에서 쫓겨난 약산은 밀양의 민족교육가인 을강 전홍표 선생이 교장으로 있는 중학 과정의 동화학교에 입학하였다.

동화학교마저 폐교되자 김원봉은 표충사에 들어가 심신을 수련하

표충사에서 찍은 김원봉의 가족 사진.

면서 어떻게 살 것인가를 고민하였다. 이런 인연으로 인해 약산은 해방 이후 표충사를 방문하여 주지 스님을 뵈었고, 계곡에서 가족들과 함께 망중한을 즐기며 한 잔 술과 함께 그와 그의 부하들이 불렀던 항일독립군가를 불렀다고 한다. 남아 있는 사진들 속에 가장 행복한 한때로 보이는 가족들과 친지들이 함께한 사진이 바로 표충사에서 찍은 것이다.

1946년 8월에 찍은 사진 속의 어린 아이는 약산의 장남 중근이다. '최후의 분대장' 김학철에 의하면 6.25전쟁 당시 평양에서 살고 있었다고 하지만, 약산이 북한 정권에서 사라진 1958년 이후의 행적을 알

길이 없다. 최근 숙청이 아니라 정계에서 강제 추방되어 집단농장에서 생활하였다는 이야기가 있으나 이도 확인할 수 없는 현실이다. 약산의 두 아들은 어떻게 살고 있을까? 독립운동가를 아버지로 둔 그들은 아버지를 자랑스러워하였을까? 사진 속의 최동선은 해방된 조국에서 남편, 자식과 함께 평화롭게 살 것을 추호도 의심치 않은 듯 평온하다.

〔다섯 번째 이야기〕

기억은 산 자의 의무

중국 난징南京의 대도살 기념관은 1937년 12월 13일부터 6주 동안 자행된 대학살의 현장 위에 세워진 '기억의 장소'이자 만인갱萬人坑이라 불린 해골의 무더기 위에 불망不忘의 꽃을 피운 곳이다. 12초마다 1명씩 처형한 그 시간은 추념의 공간에서 한 방울 한 방울의 눈물이 되어 12초마다 희생자의 얼굴 위에 떨어진다. 망자의 고통보다 더 괴로운 것은 아직도 반성하지 않고 단 1명도 죽이지 않았다고 하는 일본 정부의 행태이다.

남경대도살南京大屠殺

일천구백삼십칠년
십이월십삼일
난징의 하늘이 닫혔다
혈우血雨가 내리고
광인狂人들의 춤사위에
장강長江이 울었다.

총사령관 아시카 야스히로
피를 마셔라, 너희들 갈증이 가실 때까지
사단장 다니 히사오
참하라, 많이 베는 자에게 상을 주리라
삼백을 참하고 칼을 받은
다나카 군기치
14일 자 동경 일일신문
무카이 도시아키, 노다 쓰요이
백인 참에 106, 105초라

삼십만의 핏물은
골짝마다 불망不忘을 꽃피우고

분노한 신들을 깨웠다
모두가 돌아선
절규의 시간
12초는
내 심장에서 멎고
역사는
장강長江에
가라
앉았다.

역사 속 3인은 처형을 면하지 못하였으나, 정작 책임져야 할 일왕은 전범재판에서도, 역사에서도 범죄자가 아니었다. 그러나 중국인들은 기억하고 있었다. 전사불망 후사지사前史不忘 后事之師를 외치는 중국인들의 뇌리에서는 결코 사라지지 않는 불멸의 역사였다.

폴란드의 아우슈비츠에도 이런 역사는 있었다. 아우슈비츠 정문에 새겨진 '아우슈비츠보다 더 무서운 것은 인류가 그것을 잊는다는 것이다'라는 경고문보다 더 무서운 일이 이 땅에서도 벌어졌다.

그러나 우리는 일제강점의 역사를 제대로 알지 못하기에 잊을 것조차 없는 민족이 되어 버렸다. 독립운동가의 희생과 공훈을 선양하기보다는 그의 사상을 검증하고 색깔론의 십자가를 씌워 빨갛게 물들였다. 그리곤 말한다. 그는 북한 정권에 동조한 인물이야. 그래서 그의 희생은 없었던 것과 같다고.

기억하지 못하는 역사는, 제대로 알려지지 못한 역사는 결국 우리 미래를 옥죈다. 모든 걸 희생한 그들을 기억하지 못한다면 또다시 이 땅에 비극의 참사가 온다면 누가 자신의 것을 조금이나마 내어 놓겠는가? 역사는 미래를 위한 거울이다. 설사 기억하지 못한다 해도 바르게 알고는 있어야 한다.

대한민국 「독립유공자예우에 관한 법령」에는 "이 법은 일제로부터 조국의 자주독립을 위하여 공헌한 독립유공자와 그 유족에게 국가가 합당한 예우를 함으로써 독립유공자와 그 유족의 생활 안정과 복지 향상을 도모하고 나아가 국민의 애국정신을 길러 민족정기를 선양함을 목적으로 한다."라고 그 목적을 밝히고 있다. 그리고 여기서 지칭하는 독립유공자라 함은 순국선열과 애국지사를 말한다. 순국선열은 "일제의 국권침탈 전후로부터 1945년 8월 14일까지 국내외에서 일제의 국권침탈을 반대하거나 독립운동을 위하여 일제에 항거하다가 그 반대나 항거로 인하여 순국한 자."라 명시하고 있다. 애국지사는 "일제의 국권침탈 전후로부터 1945년 8월 14일까지 국내외에서 일제의 국권침탈을 반대하거나 독립운동을 위하여 일제에 항거한 사실이 있는 자."라 규정하고 있다. 다시 표현하면 1945년 8월 15일을 기점으로 순국하였으면 순국선열이요, 살아 있으면 애국지사인 것이다. 엄밀히 살펴보면 해방 이후의 행적과는 전혀 무관하다. 그럼에도 이 「독립유공자예우에 관한 법령」과는 달리 현실은 그렇지 못하다. 8월 15일 이후의 행적을 문제 삼아 서훈 대상에서 제외시키고 있다.

밀양이라는 도시에는 헌법에 보장된 자유가 없었다. 약산 김원봉의 역사가 미치는 범주는 예상을 초월하여 광복 60년이 흘러도 그의 여동생은 여전히 그가 오빠임을 다른 사람에게 알리는 것을 두려워하였다. 법이 무서운 것뿐만 아니라 그녀가 속한 단체에서 '왕따' 당할까 두려웠다. 그녀는 모두가 돌아선 역사에서 뼈저리게 외로움을 배웠는데, 황혼길에 들어 함께 가는 이 없이 홀로 가는 길은 상상할 수 없다고 한다.

그녀의 집 대문에는 언제나 태극기가 휘날린다. '오빠 대신 보는 것'이라는 그녀는 오빠를 만나기 위해 서울로 간 1947년을 잊지 못한다.

밀양에 온 약산 장군이 여동생에게 "참 영리하게 생겼구나, 서울 오빠 사는 데 오면 학용품도 사 주고 서울 구경도 시켜줄 게."라고 하였다. 이 말에 작은 오빠와 함께 서울로 간 그녀는 오빠 대신 기다리고 있던 경찰들에게 끌려가 오빠의 행방을 불라는 고함과 함께 더러운 수건이 얼굴에 덮여지고 그 위에 물이 흘러내리는 고통을 겪었다. "물소리가 쪼르르 나면 심장이 쪼그라든다." 아직도 오빠의 서훈을 보고 눈을 감고 싶다고 말하는 그녀는 병상에서 기억의 끈을 놓지 않으려 해방 이후 만났던, 그리고 공부 열심히 하라던 오빠의 음성을 매일 떠올린다.

이 책을 교정하던 중 김학봉 여사가 소천하였다. 그토록 바라던 오

약산 김원봉(왼쪽)이 1946년 표충사에서 친구와 찍은 사진.

빠의 서훈을 보지 못한 채 2019년 2월 24일 영면에 들었다. 북미 정상회담이 진행되던 2월 27일 치러진 여사의 장례식장은 암울하였다. '종전선언'이라도 이루어져, 약산 장군을 버린 남과 북의 최고지도자의 이름이 새겨진 종이 한 장이라도 받았다면 여사는 편히 눈을 감았을 것을…….

충절의 성지에서 독립운동의 요람으로
독립운동기념관

누군가 기억하지 않으면 잊힐 수밖에 없는 과거의 흔적, 그리고 사람들! 그들을 기억하기 위해 지어진 밀양의 독립운동기념관은 전국에서 세 번째로 '독립운동기념관'이라는 이름을 갖게 된 곳이다. 천안의 독립운동기념관, 경북 안동의 독립운동기념관에 이어 기념의 뜻을 새긴 곳이다.

밀양시립박물관과 잇닿은 자그마한 독립운동기념관은 '추모 공간과 전시실, 건물 밖의 추모 흉상 및 선열의 불꽃'으로 조성되어 있다.

전시 공간은 6개 구역으로 구분되어 1919년 3월 13일 시작된 밀양면 만세운동으로부터 의열단과 조선민족혁명당, 조선의용대와 해방 이후까지 밀양인의 아픔과 분노 그리고 희망을 담고 있다.

삼천리강산을 뒤덮은 태극기

제1전시공간의 제목은 '삼천리강산을 뒤덮은 태극기'이다. 일제강점기 무단통치의 고통 속에서 토지를 약탈당하고, 고율의 소작료에 시달리며 굶주린 가족의 아픔을 지켜보아야만 하였던 사람들이 '민족자결의 원칙'에 기대어 우리의 운명을 스스로 결정짓겠노라 전 세계를 향해 소리치기 시작하였다. 고종의 석연치 않은 죽음, 파리강화회의에 민족자결의 의지를 보여 줄 필요성, 그리고 일본 유학생들의 만세운동 등에 고무된 민족지도자들이 기획한 3.1만세운동이었다. 기획 당사자들은 태화관에서 평화시위를 빌미로 자기들만의 잔치로 끝내며 스스로 포박되기 위해 일본 헌병대에 연락하는 어처구니없는 해프닝을 연출하였다. 소위 33인이라 불리는 이들 지도자들은 한위건을 비롯한 학생들의 손을 뿌리쳤다.

탑골공원에 모인 어린 학생들과 일제의 폭압에 죽지 못해 연명하던 사람들은 손에 태극기를 들고 '대한독립만세'를 외치기 시작하였

민족대표 33인.

다. 이 틈에 끼여 함께 만세를 외치던 밀양인 두 사람, 그들은 윤치형과 윤세주였다. 두 사람은 고종의 인산에 참여하기 위해 상경하였다가 3.1만세운동에 참여하였고, 밀양에 돌아온 후 스승인 을강 전홍표 선생을 찾아가 서울의 상황을 설명하였다. 스승과 더불어 밀양 만세운동을 기획하면서 장날인 13일음력 2월 12일 만세시위를 전개하기로 결정하고 준비에 들어갔다. 밀양면과 부북면 사무소에서 훔친 등사기로 아북산에서 병풍을 둘러 빛을 가리면서 독립선언서를 인쇄하고, 윤세주의 경제적 지원으로 그의 집에서는 밀양교회 여성 기독교인들이 태극기를 그렸다. 준비한 물품들은 윤세주의 집과 시장에 있는 김병환의 곡물가게에 숨겼다.

3월 13일 윤세주의 「독립선언서」 낭독으로 시작된 만세운동은 다음 날 밀양공립보통학교 전교생이 참여한 만세운동3월 14일으로 이어졌다. 문장이 아름답다고 알려진 안희원 선생의 장례 행렬이 만세운동3월 20일으로 변하고, 밀양에서 가장 먼저 만들어진 것으로 알려진 '밀양소년단'의 어린 단원들이4월 2일, 유림들이 시회詩會를 빙자하여 솔숲에서 만세시위3월 15일를 기획하고 여성 기독교인들이 태극기를 만든, 이념과 사상을 초월한 연대를 보여 준 밀양인의 만세운동은 면面 지역으로 확대되었다. 특히, 단장면 용회동장터만세운동4월 4일은 표충사의 승려와 그 부속학교의 학생, 그리고 사명당 유정대사의 춘향제에 맞춰 면민 모두가 함께하였으며, 3.1운동의 마지막 단계에서 나타나는 폭력적인 모습을 보였다. 이 운동은 부북면4월 6일과 청도면4월 10일의 만세운동으로 확산돼 8차례나 밀양의 하늘을 만세소리로 뒤덮었다. 유림들과 불교·기독교, 남녀노소가 하나 되어 외친 밀양의 만세운동은 우리 민족 최대 과제인 '통일'에 많은 교훈을 주고 있다. 당시 밀양인처럼 내 것을 내려놓고 더 큰 소망을 담는 그 기상을 배운다면 통일은 쉬이 이루어질 것이다.

살신성인으로 찾아가는 독립과 해방의 길

제2전시공간은 '살신성인으로 찾아가는 독립과 해방의 길'이다. 바로 의열단의 의열투쟁, 그들의 분노와 활약, 그리고 희망이 담긴 공간이다. 1919년 11월 10일, 길림성 파호문 밖 평화로 57번지에서 결성된 의열단은 23차례 의열투쟁으로 일제의 간담을 서늘케 한 단체이다. 그 의열단의 의열투쟁과 단의 성립 과정에서부터 활동, 노선의 변화를 통한 무장투쟁의 전개까지 밀양인의 활동이 전시되어 있다.

의열투쟁은 의열단의 활약 이후 가장 주목받는 독립운동 방략이 되었다. '밀양인 없는 의열단이 없'으며, '의열단 없는 의열투쟁이 없'다. 그러므로 의열투쟁의 역사는 곧 밀양인의 역사이다. 의열투쟁으로 정부로부터 서훈을 받은 밀양인은 열두 분이며, 서훈자 중 일곱 분이 독립장을 추서받았다. 경상남도 출신 독립운동가 중 독립장 이상 서훈받은 사람의 삼분의 일 이상이 밀양인10인이며, 그중 의열 관련 서훈자가 7인이다.

이 전시 공간에는 밀양경찰서 폭파 의거의 주역인 최수봉본명 최경학의 재판 기록과 당시를 재연하는 공간이 있으며 의열단 관련 신문기사와 활동 내용이 전시되어 있다. 그리고 최수봉과 그의 정혼녀 김문기의 애절한 사랑을 생각하는 곳이기도 하다. 그들의 애틋한 사랑 이야기 속을 잠시 들여다보자.

본명이 최경학인 최수봉 의사는 1894년 3월 3일 가난한 농군의 아들로 태어났다. 배움에 대한 열망이 컸던 그는 40리 길인 밀양공립보통학교까지 매일 걸어 다녔다. 그러나 일본의 시조인 아마테라스 오미카미의 동생이 단군이라고 말하는 교사에게 아마테라스 오미카미는 단군의 중현손9세손에 해당이라고 당당히 답하여 퇴학을 당하였다. 최수봉은 일본 강도들이 강점한 조국의 앞날에 절망하고 있었다. 그러던 중 의열단에 가입하였고, 의열단 1차국내폭파의거로 피신 중이던 김상윤과 이종암으로부터 밀양경찰서 폭파 제의를 받고 흔쾌히 수락하였다.

그는 고인덕 열사가 만들어 준 폭탄을 마을 뒷산에 숨겨 두었다가 1920년 12월 27일 밀양경찰서장 와타나베 스에지로도변말차랑, 渡邊末次郎가 서원 19명을 청내 사무실에 모아 훈시를 하는 틈을 타 남쪽 창문에서 사무실을 향해 폭탄을 힘껏 던졌다. 폭탄은 도순사부장 쿠스노키 게이고남경오의 오른쪽 팔에 맞아 가볍게 굴러 떨어지는 바람에 불발이 되고 말았다. 다시 현관 앞에 폭탄을 던졌으나 이는 자살용으로 만들어진 것이므로 위력이 작아 근처에 있던 서류함만 약간 파손시켰을 뿐이었다. 서문西門을 통해 달아나던 그는 일본 경찰에 잡히지 않기 위해 목을 그어 자결을 시도하였으나 절명 직전 일본 경찰에 잡혔다.

일본 경찰은 병원에서 응급 처치한 후 부산의 도립병원에 입원시켜 치료를 받게 하고 심문을 하였다. 최수봉 의사는 밀양경찰서 폭파와 관련된 인물들을 보호하기 위해 새로운 인물을 만들어 내거나 허위진술을 통해 수사에 혼선을 주었다. 1심에서 무기징역형이 선고되었으나 검사가 이에 불복, 상소하여 1921년 4월 16일 사형을 선고받았다. 고등법원에 상고하였으나 5월 23일 기각되었고, 7월 8일 사형이 집행되었다. 아무도 다치거나 큰 피해가 없었음에도 일제가 사형을 선고한 것은 의열단에 대한 두려움의 표시였다. 박재혁의 부산경찰서 폭파에 이은 이 사건으로 의열단에 대한 일제의 두려움이 점점 더 커지게 되었으며, 의열단 활동을 하면 사형을 면할 수 없다는 사실을 보여주기 위해 별 피해가 없음에도 불구하고 이와 같은 판결을 한 것이다.

사형대에 올라선 최수봉 의사는 대한독립만세를 외치고 교수대에서 절명하였다. 그의 나이 28세였다. 이 소식을 접한 밀양의 청년회 회원들이 을강 전홍표 선생과 의논하여 시신을 수습하고 장례를 치렀다. 그 과정에서 기부금을 모집하거나 시신을 운구한 회원들은 기도하였다는 죄목 또는 기부금 모집취제규칙 위반 혹은 사형 당한 자를 동정하였다는 이유로 기소되었다.

최수봉 의거 후의 밀양경찰서.

최수봉의 의거는 돌발적인 것도, 혼자만의 것도 아니었다. 혼자 의거한 것처럼 보이나 멀리는 사명당 유정대사의 충의정신을 이어받은 민족운동 전통과 가까이는 일합사 및 대한광복회 조직을 통해 은밀히 이어 온 항일독립운동의 기맥, 그 속에서 움직인 전홍표, 김대지, 황상규 등 청년지사들의 가르침과 좌표, 그리고 의열단 단원들이 함께한 것이었다. 그가 밀양경찰서를 택한 것은 제1차 국내 암살 계획이 실패하여 밀양경찰서에 투옥된 동지들 때문이 아니라 밀양경찰서의 지리地理에 가장 익숙해 경찰서 폭파를 성공적으로 실행할 수 있다고 판단했기 때문이었다.

너무 가난하여 글을 배우면 세상을 바꿀 수 있을 것이라 꿈꾸었던 최수봉이라는 청년은 평양의 숭실학교에서 수학하였으나, 조국의 광복 없이는 개인의 행복이 없다는 사실을 알았기에 광부 노릇은 물론 우편배달부를 하면서 울분을 삼켰다. 그런 그에게도 사랑하는 사람이 있었으니 두 살 아래의 처녀 김문기였다. 그녀의 마을은 최수봉 의사의 생가에서 남동쪽으로 내다보이는 삼랑진읍 숭진리이다. 그녀는 정혼자의 사망 소식에 식음을 전폐하여 2주 뒤인 7월 22일에 순절하였으니 이 또한 애달프다. 두 사람은 영혼결혼을 통해 이승이 아닌 저승에서 사랑을 꽃피웠을 것이다. 매년 7월 8일, 최수봉의 생가 마을 앞에서 추모제가 열리고 이들의 애틋한 사랑이 다시 사람들에게 회자된다.

김문기

울지 않았다
입술을 깨물었다

살아 못다 한 사랑이야
저승에서 이루면 되지
어이하랴
그이의 절망

그이의 상실

외로운 발걸음

함께 가야지

저승길

뒤돌아

발걸음 옮기지 못하면

그 손잡고 어깨 빌려주고

고향 벌판

돌아보며

함께 가야지

강 너머

우리 동리 보이면

일본 놈 물러나는 날 곧 온다

그이의 피서린 발걸음

내 눈물 얹어

아파도

함께 가야지

울지 않았다

한 톨 쌀도 허락지 않았다

근대민족국가 건설을 향하여

제3전시공간은 '근대민족국가 건설을 향하여'이다. 1932년 남경의 외곽 산속에 세운 조선혁명군사정치간부학교朝鮮革命軍事政治幹部學校는 1~3기 졸업생 125명이 험한 산길을 쫓아 훈련하며, 용사로 거듭나던 곳이다. 1, 2기생 교육 장소는 아직 정확히 규명되지 않았으나 3기생 교육 장소인 천령사天寧寺에는 당시 상황을 알 수 있는 맷돌, 우물, 훈련장 등이 남아 있다.

제1기 졸업생으로는 윤세주, 이육사李陸史가 있다. 이들의 동지애적 사랑은 영화 〈동주〉를 능가하는 로맨스를 담고 있다. 1기 졸업 후 교관이 된 석정 윤세주는 학생들을 모집하러 국내로 향하는 이육사를 배웅하러 상하이까지 함께 갔다. 그곳에서 귀국 자금 80원을 건네며 이육사와 이별하는 '최후의 만향'을 가졌다. 이육사는 그순간이 너무나 존경하고 사랑하는, 그리고 자신의 모든 희망을 건 윤세주와 마지막 만남임을 알았을까? 무엇인가 주고 싶어 하다 어머니의 회갑 선물로 준비한 빈풍칠월豳風七月이 새겨진 비취도장에 '증 S. 1933.9.10. 육사'라 새겨 석정에게 주었다. 육사는 이날에 대해 '내 평생에 잊지 못할 하루를 기념하고 이 땅으로 돌아왔다'라고 하였다. 귀국 후 언론사에서 활동하며 의열단 활동을 지원하던 이육사는 끝내 석정을 만나지 못한 채 1944년 1월 죽음을 맞이하였다.

이육사의 유일한 혈육인 이옥비 여사는 1940년에 태어났다. 여사가 기억하는 아버지는 용수를 쓰고 두 손이 묶인 모습이다. 어린 딸의 눈에도 충격이었기에 뇌리 속에서 사라지지 않았던 것이다.

이육사가 죽기 1년 반 전에 석정은 타이항산태항산의 일본군 소탕전에 대항하여 반소탕전反掃蕩戰을 전개하다 적탄에 피격되어 절명하였다. 석정이 사경을 헤맬 때 고개 든 이육사는 석정의 죽음을 예견하듯, 석정의 안위를 걱정하며 지었던 시 「주난흥여酒暖興餘」는 생사를 넘나드는 두 사람의 동지애를 보여 준다. 조국 광복이라는 단 하나의 소망을 담고 국내에 있을 때 언론 활동으로 만났던 두 사람, 목숨마저 바치기로 결심하면서 함께 중국행에 오른 두 사람, 힘들지만 함께하는 동지였기에 서로에게 힘이 되었던 그들이 함께 만들고자 하였던 세상은 우리 민족이 세운 우리 민족을 위한 근대국가, 누구나 꿈꿀 수 있고, 누구나 평등한 세상이었다.

그 두 사람이 조선혁명군사정치간부학교 시절 불렀던 교가가 밀양 독립운동기념관의 벽에 걸린 듯 눈앞에 펼쳐진다.

동지들아 군게군게 결속해 생사를 같이하자
여하한 박해와 압박에도 끝까지 굴함 없이
우리는 피 끓는 젊은이 혁명군의 선봉대

이와 어우러진 이육사의 청포도는 '고달픈 몸으로 청포를 입고 찾아오는 손님! 윤세주'를 위한 향연임을 알면 우리는 그의 시를 읊지 않을 수 없다.

청포도

이육사

내 고장 칠월은
청포도가 익어가는 시절
이 마을 전설이 주저리주저리 열리고
먼데 하늘이 꿈꾸려 알알이 들어와 박혀
하늘 밑 푸른 바다가 가슴을 열고
흰 돛단배가 곱게 밀려서 오면
내가 바라는 손님은 고달픈 몸으로
청포를 입고 찾아온다고 했으니
내 그를 맞아 이 포도를 따 먹으면
두 손은 함뿍 적셔도 좋으련
아이야 우리 식탁엔 은쟁반에
하이얀 모시수건을 마련해 두렴

이육사와 셋째 동생 이원일, 육사의 친구 조규인의 젊은 시절.

내 고장은 조선이고 청포도는 우리 민족인데, 청포도가 익어 가는 것처럼 우리 민족이 익어 간다. 그리고 일본도 끝장난다. 그 선봉장이 석정 윤세주다!

그리고 이 공간에서 우리는 또 한 사람의 영웅을 만날 수 있다. 음률을 완성하겠다는 뜻의 정률성鄭律成이다. 그는 1914년 8월 27일 전라남도 광주에서 태어나 조선혁명군사정치간부학교의 제2기생으로 졸업한 독립운동가로 본명은 정부은鄭富恩이다. 그의 가족은 독립운동 가족으로 유명하다. 맏형, 둘째, 셋째, 그리고 누나와 자형 등 모두 독립운동에 모든 걸 바친 집안이다. 정률성은 셋째 형인 정의은鄭義恩을 따라 김원봉이 이끄는 의열단에 가입하기 위해 자신이 가장 아끼던 만돌린과 바이올린을 품고 중국에 와 조선혁명군사정치간부학교 2기생으로 입학하여 1934년에 졸업하였다. 그의 음악적 재능을 알아본 김원봉은 그에게 상하이로 가 음악을 공부할 수 있도록 금전적인 지원을 아끼지 않았다. 이로써 정률성은 기해송과 러시아 출신 크릴로바 교수로부터 성악을 교수받게 되었다. 사회주의 활동이 잦아진 정률성에게 약산은 금전적 지원을 더 이상 할 수가 없었고, 중일전쟁이 발발하자 정률성은 옌안延安에 있는 루쉰예술학원 음악부에서 다시 음악을 공부하였다.

시진핑習近平 주석의 아버지 시중쉰習仲勳, 1913~2002은 홍군 5,000여 명을 이끌고 옌안延安을 확보하여 마오쩌둥毛澤東이 대장정 끝에 옌안에 도착할 수 있는 기반을 마련한 사람이다. 이처럼 시중쉰이 개척하고, 마오

천안문 관례대에 오른 정률성과 부인 정설송 여사.

쩌둥이 발전시킨 옌안의 모습에 반한 정률성은 같은 예술학원 문학부에 다니던 모예某耶에게 옌안의 아름다움을 시詩로 써 달라고 부탁하고 그 시에 선율의 옷을 입혀 「옌안송연안송」을 완성하였다. 중국의 아리랑이라 불릴 만큼 중국인들의 사랑을 받는 이 곡이 25살밖에 되지 않은 조선 청년이 만든 곡이었다니 놀라울 따름이다.

그로부터 1년이 지난 1939년 5월 친형제처럼 지내던 장쑹루張松如에게 팔로군대합창을 쓰자고 제안한 뒤 그가 쓴 가사에 주변의 온갖 물건들을 활용해 소리를 만들어 10월에 완성한 곡이 「팔로군행진곡」이다. 이는 일제와 싸우던 최전선의 팔로군은 물론 조선의용군들도 함께 불렀던 노래로 전쟁이 끝난 뒤 「중국인민군 행진곡」이 되었다. 그래서 정률성은 중국인이 가장 사랑하는 한국인이 되었고, 베이징의 팔보산혁명공묘에 유일한 한국인으로, 그의 아내 정설송과 함께 묻혀 있다.

그를 기리는 정률성 음악제가 매년 전라도 광주에서 열리고 있어 그의 음악은 대한민국 남녘땅에도 울려 퍼지고 있다. 중국과 북한에게 인정과 배신을 동시에 받았던 그의 유일한 혈육이 베이징에 거주하고 있다. 그녀에 대한 중국 정부의 배려는 상상 그 이상이다.

1977년 12월 7일 북경시 전교극장에서 정률성 작품 음악회가 개최될 때, 노인 60여 명이 「옌안송」과 「팔로군행진곡」 등을 불렀다. 정률성과 생사를 함께한 동지들이 그를 추모하며 프로그램에 없던 공연을 하였고, 휠체어를 타고 나타난 라서경羅瑞卿의 요청에 의해 전례 없는 앙코르 공연이 이루어졌다. 정률성은 중국인이 가장 사랑하는 한국인이면서 밀양인 김원봉과 윤세주의 제자였다.

이육사와 정률성처럼 조선혁명군사정치간부학교 졸업생 125명은 조국의 광복운동 과정에서 일당백의 전과를 보여 준 최고의 투쟁가였다.

근대국가로 가는 과정에서 '조선민족혁명당朝鮮民族革命黨'의 성립을 위한 노력이 시작되었다. 그 중심에는 서로 다른 이념과 목적을 지닌 단체들을 하나로 모으려 애쓰던 석정 윤세주가 있다. 그를 지켜본 많은

제3기 간부학교였던 천령사 터.

이들이 이때부터 석정을 '민족혁명당의 영혼'이라 불렀다. 타고난 웅변가이자 전략가인 석정은 상대의 마음을 사로잡는 언변으로 분열된 민족운동을 하나로 모으는 역할을 담당하였다. 아쉽게도 백범 김구의 한인애국단韓人愛國團 계열과 임시정부 계열을 통합하지 못해 그들이 '한국국민당'을 만들었으나, 중국 관내 최대의 민족운동단체인 조선민족혁명당을 결성하는 과정에서 밀양인인 석정의 활약과 민족혁명당의 총서기로서 민족운동을 이끌었던 약산 김원봉의 노력이 두드러졌다.

구축왜노驅逐倭奴, 광복조국祖國光復, 타파계급打破階級, 평균지권平均地權을 이념으로 한 새로운 근대국가 수립을 염원하였던 의열단원들은 조선민족혁명당을 창립하면서 공식적인 '의열단의 막을 내리'고 자신들이

원하는 근대민주주의 국가를 꿈꾸었다. 그 날은 1935년 7월 5일이었다.

중국항일전쟁의 최전선에 서서

우리에게 너무나 낯익은 사진이 있다. 이 사진은 1938년 10월 10일 창립을 하고 그 인근의 일본 신사 앞에서 기념 촬영한 '조선의용대'의 모습이다. 사진의 한가운데 비장한 각오로 서 있는 약산 김원봉, 한 사람 건너 인자한 모습을 한 석정 윤세주의 모습이 보인다. 네덜란드 영화감독 요리스 이벤스Joris Ivens가 전 대원을 한 장에 담은 기념사진을 찍어 역사적 순간을 남겨 주었다.

중국 내에서 가장 먼저 만들어진 조선인만의 무장부대이자 일제와 무력으로 맞서 싸우겠다는 의지를 곧추세운 조선의용대! 약산은 엄격한 조직의 리더이지만 고달픈 대원들의 어머니는 석정 윤세주 열사였다. 강도 일본을 몰아내기 위해서는 그 어떤 주의나 사상도 버릴 수 있었던 그들의 노력으로 조직된 조선의용대는 무력으로 강도를 쫓아내고자 하는 당시 모든 독립운동가들의 마음 그 자체였다.

또 하나의 사진은 조선의용대 창립 1주년 사진이며 그 셋째 줄은 모두 여성이다. 건장한 젊은 대원들을 전장으로 보내고, 지도부와 그

조선의용대 창립 기념 사진.
조선의용대 창건 1주년 기념 사진.

가족들, 그리고 자신들의 가족을 남편 대신 지키려는 일념에서 총을 든 그녀들의 신념은 어디에서 왔을까?

중일전쟁이 발발하자 중국 내에서 활동하던 우리 독립운동 단체들은 두 갈래로 체제를 정비하여 항일전에 나섰다. 하나는 1937년 8월에 결성된 김구를 중심으로 한 한국국민당과 한국독립당조소앙, 조선혁명당이청천 등의 한국광복운동단체연합회를 중심으로 한 세력이고, 또 다른 하나는 같은 해 11월 김원봉을 중심으로 한 조선민족혁명당, 조선민족해방자동맹김성숙, 조선혁명자연맹류자명 등이 조직한 조선민족전선연맹이다.

갖은 어려움 속에서도 조선인만의 무장 대오를 갖고자 하였던 민족전선연맹은 1938년 10월 10일, 먼저 한구로 돌아온 최창익을 비롯한 청년전시복무단원들과 합하여 역사적인 '조선의용대'를 창립하였다.

저우언라이주은래, 周恩來는 '항일투쟁과 동방 피압박 인민의 해방'이란 제목의 연설을 통해 "중국 인민과 연합하여 일본제국주의를 타도하는 것은 중국과 조선뿐만 아니라 동방 각국 피압박 민족의 해방을 위한 투쟁이므로 동방 각국 피압박 인민들은 한결같이 단결하여 일어나 제국주의 침략을 물리치고 자기 민족의 해방을 전취하여야 한다."라며 조선의용대 동지들의 항전 사기를 격려하였다.

사흘 뒤 무한기독교청년회 강당에서 하객 700여 명이 참석하여 오락회를 가졌으며, 당시 〈아리랑〉, 〈자유의 빛〉, 〈쇠〉, 〈두만강변〉 등의 공연을 통해 '조선의용대'의 역사적 탄생을 축하하였다. 조선의용

황민 대원 명찰 사진.

대는 국민당정부 군사위원회 정치부 제2청 소속으로 중국 국민혁명군 복장을 하고 앞가슴 왼쪽에 직사각형의 휘장을 달았다. 휘장 중앙에는 한글, 한문, 영문으로 '조선의용대'라는 글씨를 새겼고 왼쪽에는 이름, 오른쪽에는 직함을 썼다. 이들은 중국 항일전쟁을 지원하는 국제종대로서의 우인부대 역할을 수행하였다.

이 부대의 최초 조직은 본부대김원봉와 중국에서는 학교와 같은 비전투부대의 명칭인 제1구대구대장 박효삼와 제2구대구대장 이익성로 구성되었으나, 1939년 10월 군사적인 성격이 강한 '지대'로 그 명칭을 변경하여 개편하였다. 본부대와 1, 2, 3지대로 개편한 조선의용대는 중국군의 각 전구에 소속되어 대적 선전, 포로 심문, 직접 전투 등 모든 분야에서 일본군과 싸웠다.

조선의용대는 1, 2, 3지대 외에 부녀복무단, 3.1소년단, 의무실, 편집위원 등으로 구성되어 있으며, 확인되는 전체 대원의 수가 314명에 달하였다. 특히 이들이 무한武漢방어전에 참전하여 적의 포화 소리가 들리는 가운데 표어를 쓰는 장면을 본 곽말약은 자신의 저서『홍파곡洪波曲』에서 다음과 같이 그 당시를 술회하였다.

그들이 발 벗고 나서 주었기에 한구 시내는 글자 그대로 '정신의 보루'로 변해 버렸다. 내 이 말은 결코 허풍을 떠는 게 아니고 사실에 근거한 것이다. 후에 우리가 일본군 포로들의 공술에서 알게 된 사실은 적들은 무한을 점령한 뒤 그 표어들 때문에 여간 골치를 앓지 않았다는 것이다. 그들은 옹근 사흘 동안 야단법석을 해서야 겨우 그 표어들을 다 지워 버렸다는 것이다. 하지만 거리에 써 놓은 것을 말끔히 지워 버렸다고 해서 머릿속에 들어박힌 것도 말끔히 가셨다고는 말할 수 없을 것이다. 내가 자동차로 거리를 돌아볼 때 그들은 표어를 쓰는 데 열중해 여념들이 없었다. 그들은 삼삼오오 조를 묶어 페인트 통, 콜타르 통들을 들고 또 사다리를 메고 촌분을 다투며 일에 몰두하고 있었다. 그것은 나를 감동시킨 일막이었다. 그러나 동시에 또 나를 가장 참괴하게 만들어 준 일막이기도 하였다. 그들은 모두 조선의용대의 벗들이었다. 그 가운데는 단 한 명의 중국 사람도 끼어 있지 않다는 것을 난 잘 알고 있었다. 우리 중국에도 일본말을 아는 인재는 적지 않을 것이다. 일본 유학을 한 학생이 줄잡아도 몇 십만 명은 될 터인데. 그런데도 무한이 함락의 운명에 직면한 이 위급한 시각에 우리를 대신해 대對적군 표어를 쓰고 있는 것은 오직 이 조선의 벗들뿐이라니!

중국의 대일항전을 돕는 과정에서 전투력을 증강시켜 마침내는 우리나라를 점령한 일본을 축출하는 것이 목표인 조선의용대는 중국 국민당 정부군의 소극적인 항일전이 불만이었다. 조선인들이 많이 거주하여 무장대오를 증대할 수 있는 화북 지방으로 진출하는 것만이 궁극적으로 만주 방면으로 나아가 본토로 진격할 수 있는 방안이 될 수 있다고 생각한 조선의용대원들은 1940년 11월 4일 확대간부회의에서 격론 끝에 북상을 결정하였다. 북상을 결정한 것은 한국광복군이 창설1940. 9. 17.된 것과 연관이 있을 듯하며, 조선의용대라는 군대가 엄연히 존재함에도 불구하고 중국 국민당이 대한민국임시정부 산하에 한국광복군 창설을 지원한 것은 조선의 독립운동을 분열시키는 결과를 가져왔다.

1940년 당시 중경에 근거를 둔 대한민국임시정부와 민족주의전선연맹은 통합의 길을 모색하고 있던 시기였으나, 중국 국민당은 국공합작을 파기하면서 중국 공산당의 지지를 받고 있다고 여겨지는 조선의용대원들에게 무기조차 공급하지 않았다. 와중에 한국광복군 창설을 지원하였고, 대일항전의 의지는 보여 주지 않았다.

1941년 1월 1일 1, 3지대의 혼성부대가 중경을 출발하여 타이항산太行山으로 이동하면서 각 전선의 조선의용대원들도 일본군과 중국 국민당군의 눈을 피해 화북 지역으로 이동하기 시작하였다.

선발대로 출발한 최채와 이근은 5월에 도착하였고, 본대 병력은 7월경에 모두 타이항산으로 이동하였다. 화북 지역으로 이동한 부대의

지대장은 박효삼, 정치위원은 석정 윤세주였다. 이들은 고통 속에서 험난하게 이동하였다. 지친 대원들은 조국광복이라는 희망 하나에만 의지하여 묵묵히 길을 걸었다.

이때 윤세주는 그들을 위하여 연극 대본을 작성하고 손수 변사 역할을 하면서 지친 대원들을 위로하였다. 대원들은 행군 도중 윤세주가 개사한 「최후의 결전」[처음에는 최후의 '혈전'이라 이름하였다]과 「밀양아리랑」 곡조에 역시 윤세주가 개사한 「독립군아리랑」을 부르며 자신과의 싸움을 하고 또, 일본군과 싸우며 뚜벅뚜벅 우리 동포들이 많이 있는 화북으로 이동하였다.

김학철은 그들의 이동 중 가장 많이 불렀던 노래가 「최후의 결전」이라 하였다. 윤세주의 결기가 그대로 담긴 노래였다. 그 노래는 바르샤바 행진곡에 가사를 붙인 노래이다. 그 가사를 살펴보면 다음과 같다.

최후의 결전

1절
최후의 결전을 맞으러 가자 / 생사적 운명의 판갈이로
나가자 나가자 굳게 뭉치어 / 원수를 소탕하러 나가자
총칼을 메고 혈전의 길로 / 다 앞으로 동지들아

석정 윤세주.

독립의 깃발은 우리 앞에 날린다 / 다 앞으로 동지들아

2절

무거운 쇠줄을 풀어헤치고 / 뼈 속에 사무친 분을 풀자

삼천만 동포여 모두 뭉치자 / 승리는 우리를 재촉한다

총칼을 메고 혈전의 길로 / 다 앞으로 동지들아

독립의 깃발은 우리 앞에 날린다 / 다 앞으로 동지들아

이 노래가 만들어진 배경은 다음과 같다. 중국정부 군사위원회 별동대장 강택이 약산과 김구에게 '한국 청년들을 선발하여 성자군관학교에 입교시켜서 항일전에 필요한 단기 특별공작 훈련을 받게 하자'는 제안을 하자, 이를 환영하면서 특무대원 전원과 조선 청년들을 합하여 83명을 강서성 성자현으로 보내 중앙육군군관학교 특별훈련반에서 훈련을 받게 하였다. 추운 겨울에도 아랑곳하지 않고 열심히 훈련하는 대원들을 위해 교관으로 참여하였던 윤세주가 개사하여 이 곡을 만든 것이다.

윤세주는 평생 동지이자 형님인 김원봉과 헤어지며 약속하였다. "금년에는 화북 근거지를 건설하고 명년에는 동북삼성에 근거지를 건설하겠다. 그리고 내명년에는 조국에 진입할 것이다."라고. 이것이 두 사람의 마지막 대화였다.

약산은 떠나는 석정의 두 손을 꼭 쥐고 "믿는다, 너 말처럼 꼭 그렇게 되리라 믿는다."라고 하였을 것이다. 그리고 두 사람은 못다 한 말을 두 손에 담아 서로에게 전하였다.

이처럼 전체 조선의용대의 마음과 김원봉의 뜻을 전해 받은 윤세주는 한 시도 게을리할 수 없고, 조금이라도 나약해지는 조선의용대원들의 모습을 지켜볼 수 없었기에 직접 그들을 격려하고 다독이며 그 먼 길을 달려간 것이다. 그리고 그들은 팔로군이 있는 산서성으로 곧바로 가지 않고 하북성 경광선 쪽으로 북상하여 1941년 7월 7일 '조선의용대 화북지대'를 결성하였다.

중경에 있는 조선의용대 본대와 결코 분리되지 않겠다는 의지가 담겨 있는 행동이었으나, 1941년 12월 12일 발발한 호가장전투 이후에는 산서성으로 옮겨 팔로군과 함께 작전을 수행할 수밖에 없었다.

일본군의 총본대가 화북성 성도인 석가장에 위치하고 타이항산에는 중국 팔로군과 조선의용대 화북지대가 주둔하고 있어 일본과의 전투는 이미 정해진 것이었다. 이 와중에도 화북지대는 중국 민중들에게 전쟁에 동참하고 지원을 할 수 있도록 후방진지 마련을 위한 선전 사업을 지속하였다. 대원 30여 명으로 구성된 1개조가 호가장 지역에 들어와 선전 사업을 벌이던 마지막 날, 밀정에 의해 일본군의 공격이 시작되어 1941년 12월 12일 손일봉, 왕현순[이정순], 한청도[최철호], 박철동 등 대원 4명이 전사하고 김세광 대장과 김학철, 조렬광, 장예신이 부상을 입었다.

호가장전투에서 희생된 전우의 무덤.

김학철은 다리 부상으로 빠져나오지 못해 포로로 잡혔다. 그는 나가사키형무소로 가기 위해 밀양역을 지나면서 그토록 존경하던 약산과 석정의 고향을 처음 눈으로만 보게 되었다고 술회하였다.

1942년 3월부터 시작된 일본군의 춘기 소탕전이 있었고, 5월에는 40만 명에 달하는 병력이 타이항산구 북부 지역으로 진공하여 '5월 소탕전'이 전개되었다. 이 병력은 일본의 중국 주둔 군대의 60%, 괴뢰정부인 왕정위군의 90%에 달하는 병력이었다. 놀랍게도 이 일본군의 사령관이 조선인 홍사익이었다. 그는 일본 육군사관학교를 졸업한 후 타이항산 소탕전 이후 필리핀의 미군 포로 수용소장으로 수용소를 관리하다 전쟁이 끝난 후 B급 전범으로 분류되어 미군에 의해 처형된 인물이다. 동기생인 지청천은 독립운동을 하였는데, 그는 지청천의 권유에도 끝까지 일본군에 남아 타이항산 전투의 지휘를 맡았다.

일본군의 대대적인 공격에 맞서 조선의용대원들은 청장하清漳河를 건너 섭현지금의 좌권현 마전진으로 이동하여 8로군 전방 총사령부 각 기관의 방대한 비전투요원, 간부 가족과 화북조선청년연합회 비전투요원들을 보호하라는 임무를 받았다. 그런데 일본군이 비행기까지 동원하여 포위공격을 감행하자 어느 한 고지를 점령하여 사지死地를 벗어나야 한다는 결론에 이르렀다. 이에 박효삼朴孝三 부사령의 지휘에 따라 경기관총과 소총으로 적의 포화를 무력화시키면서 고지를 점령하였다. 5시간 동안 혈전 끝에 탈출로를 확보하여 포위된 중국군과 조선의용대의 목숨을 건지게 되었다. 그러나 8로군 부참모장인 좌권左權이 요문구에서 적의 포위망을 뚫다 십자령十字嶺에서 희생되었다.

제대로 먹지 못한 비전투요원, 특히 노약자가 포함된 간부와 가족들은 집단으로는 포위망을 뚫고 가기 곤란하다는 결론에 이르렀다. 그러자 팔로군 정치주임 나서경罗瑞卿이 긴급회의를 소집하고 조선의용대도 분산해서 포위망을 돌파하라고 호소하였다. 이에 가족 40여 명과 조선의용대원들은 한밤중에 적의 포위망을 벗어나려 하였다. 이때 석정은 진광화 열사, 이철중, 최채, 백연 김두봉金枓奉과 그의 딸, 그리고 여자 4명 등 몇몇 동지들과 한 조가 되어 포위망을 탈출하려 하였다.

타이항산 윤세주, 진광화 열사 묘.

그러나 일본군에게 발각되자 비전투요원을 보호하기 위해 진광화는 산 아래로 내달려 적진을 유도하다 총에 맞아 벼랑으로 떨어져 즉사하였으며, 윤세주는 산 중턱으로 달리다 총에 맞아 쓰러졌다. 최채는 양몰이꾼들이 파 놓은 듯한 굴로 피하여 생명을 부지할 수 있었다. 적들이 물러난 후 윤세주에게 달려간 최채가 허벅다리에 총을 맞아 신음하고 있던 윤세주의 상처를 싸매 주려 하자 윤세주는 "그럴 새 없네, 빨리 진광화 동지를 찾아보게." 하였다. 진광화 열사를 찾을 수 없었던 최채는 윤세주 열사에게 돌아와 자신이 숨었던 동굴로 업고 가 상처를 싸매 주고 동지들의 안위가 걱정되어 그들을 찾아 나섰

독립기념관에 세워진 윤세주 어록비.

다. 다행히 이철중의 보호로 다친 사람이 없었고 간부진들은 두 사람을 걱정하였다.

다시 찾은 벼랑 아래에는 형체를 도저히 알 수 없을 정도로 참혹한 모습을 한 진광화 열사가 숨져 있었다. 그들은 31살의 나이로 조국해방도 보지 못한 채 세상을 하직한 열사의 시신을 돌로 덮어 임시 안장하고 묵도를 올렸다.

대원들이 다시 윤세주를 찾아오니 이미 윤세주는 피를 많이 흘려 괴로운 상태였다. 그러나 윤세주는 입을 꽉 다물고 신음소리 하나 내지 않았다. 다시 총성이 나자 윤세주 열사는 최채와 하진동을 앉혀 놓고 눈에 불을 켠 채 타이르듯 말하였다.

“자네들 심정 잘 아네. 여기 있으면 셋이 다 죽고 마네, 혁명에 바친 몸 죽음 따윈 두렵지 않네. 승리의 그날을 위해 자신을 돌보는 일이 중요하니 셋이 갈라지도록 하세.”

이미 상처가 썩기 시작하였지만, 윤세주는 다른 사람의 안위를 걱정하고 자신이 부하 대원들에게 하였던 ‘동지를 위하여 혁명을 위하여 죽었다고 말해짐을 두려워하지 마십시오’라는 말을 몸소 실천하였다.

고통 속에서 윤세주는 무엇을 생각하였을까? 중경에 두고 온 사랑하는 가족을 떠올렸을까? 아니면 꿈에도 그리던 고향 밀양을 그렸을까? 밀양강의 노랫소리가, 무봉사의 종소리가 그의 귓가에 들렸을지 모를 일이다.

윤세주의 죽음은 늘 가슴 한 곳을 시리게 한다. 장자령 다락밭에서 혼자 쓸쓸히 돌아가셨다면…, 아니 약산이나 중국 측의 주장처럼 흑룡동굴의 야전병원에서 돌아가셨을까? 돌아서 걸어가는 어린 동지들의 등을 바라보는 그의 눈은 무엇을 담았을까?

윤세주의 죽음을 알지 못하였던 부인 하소악 여사와 아들 남선은 조선의용대 화북지대에서 파견한 하진동에게 그 소식을 듣고 옌안延安을 거쳐 석문촌 초장지에 와 윤세주의 죽음을 직접 확인한 후 애절통곡하고 정신을 잃었다고 한다. 열네 살 된 아들 남선은 아버지의 죽음을 목도하며 입술을 깨물었다. 그리고 두 주먹을 불끈 쥐었다.

두 사람은 울고만 있을 수 없었다. 윤세주의 뜻을 이어야 하므로

아내 하소악, 아들 용문.

발걸음은 더 바빠졌고, 두 사람은 옌안으로 가 일제 강도를 몰아낼 훈련에 몰두하였다. 하소악 여사는 옌안 여성공작대 간부로 훈련을 받으며 광복의 그날을 위해 싸웠고, 해방 이후 밀양에 와 시댁 식구들에게 윤세주의 묘소 사진을 내놓고 그의 죽음을 알렸다. 해방 후 행여 살아 돌아오지 않을까 고대하던 가족들에게 석정의 죽음 소식은 절망 그 자체였다.

하소악 여사는 밀양의 제일극장에서 연설을 통해 윤세주에 대한 이야기와 해방된 조국의 미래에 대해 연설을 한 후 남편과 뜻을 함께하였던 사람들을 찾아간다며 밀양을 떠난 후 다시는 돌아오지 못하였다.

그녀를 위한 노래를 한 곡 띄우고 싶다.

하소악의 하소연가

창녕 사람 하소악이 서러워서 노래하니
님을 향한 이내 노래 밀양 사람 들어 주소

이내 나이 열여덟에 고개 넘어 시집오니
새신랑은 그 모습이 색시처럼 얌전터라
기미년 초 한성 가서 만세운동 참여하니
그이 눈빛 결기 가득 범 눈처럼 이글터라
을강 선생 아주버님 매일 밤낮 모이더니
밀양 장날 만세운동 님의 모습 못 찾더라
매일매일 일제순사 이 잡듯이 뒤지더니
그 이듬 해 애석한 님 한성에서 잡혔더라

의열단을 조직하여 작탄투쟁 실행코자
총독부에 폭탄 던져 조국해방 원했으나
믿었던 자 밀고하니 꿈에선들 알았으랴
일제경찰 포박하나 고개 한 번 안 숙였네

서방님께 배운 글씨 짧은 시간 모자라니
야학에서 글을 배워 침을 묻혀 편지터라

보내 온 글 받아드니 나라 걱정 가득 차서
이내 설움 어느 한 곳 디딜 틈이 없는지라

칠 년 세월 그리지나 경성 감옥 출옥하니
고향이라 다시 올 새 내川가 달다 감천이라
백민 선생 찾아뵙고 밤마실이 잦아드니
신간회라 이름하여 밀양지회 총무더라

이내 몸이 병이 나서 부산 병원 입원하니
그이 눈에 눈물 고여 밤새도록 간병터라
곱디고운 우리 아기 십 년 만에 태어나니
세상 기쁨 다 얻은 듯 이름하여 남선이라

일천구백 삼십이년 중국으로 다시 가니
간부학교 학생하다 그네들의 교관이라
조국 위해 동지 위해 죽어짐이 당연하니
앞장서서 통합운동 민혁당이 생기더라

잰걸음에 민혁당의 영혼이라 불리더니
중일전쟁 발발하자 의용대원 모집터라
무한 함락 지켜보며 일본군과 직접 싸워

압록강을 건너야만 진짜 해방 외치더라

이내 몸이 님을 찾아 아들 함께 건너가니
바쁜 그이 간 곳 없고 어르신만 수발터라
일천구백 사십일년 화북지대 정치위원
중경 남은 우리 모자 다시 한 번 이별이라
의용대원 하진동이 눈물바람 보이더니
이내 가슴 내려앉아 아들 안고 통곡이라
아들 함께 길을 나서 석문촌에 도달하니
전쟁 중에 만든 무덤 궁궐처럼 웅장터라

무덤 안고 꿇어앉아 이내 설움 토해내니
하나 아들 깨문 입술 지아비를 닮았더라
일본 강도 몰아내자 연안행을 자처하니
공작대원 간부 교육 그이 영혼 함께더라
해방되어 찾아온 길 밀양 땅도 허망하니
서방님의 무덤 사진 가족 앞에 보였더라
대중 연설 마친 후에 님의 우인友人 찾아가니
끊겨버린 조국 허리 다시 올 날 없었더라.
서러워라 서러워라 님을 향한 이내 설움
하소악의 하소연을 어느 누가 함께 할꼬

미리벌의
분노와 희망

제5전시장은 일제강점기 밀양에서 일어난 사회운동과 왜 밀양이 독립운동의 성지 또는 의열투쟁의 메카라 불리는지 그 배경을 알 수 있는 곳이다.

밀양에서 독립운동이 이토록 치열하게 전개된 것에는 몇 가지 이유가 있다. 그 중 가장 큰 요인이 교육의 힘이다. 을강 전홍표 선생을 비롯한 백민 황상규, 일봉 김대지 등 밀양의 위대한 스승들의 가르침이 자신의 목숨조차 아끼지 않는 수많은 독립투사를 길러 냈다. 가르침은 말로 하는 것이 아니다. 직접 행동으로 모범이 되어야만 한다. 밀양의 스승들은 그 본을 손수 보여 주었다. 그리고 말하였다. 조국을 위해 죽는 것을 두려워 말라고.

밀양초등학교 정문에는 문산 손정현 선생의 기적비가 서 있다. 손정현 선생은 영남 지방에서 두 번째로 근대식 학교를 설립한 사람이며, 그 학교가 바로 지금의 밀양초등학교이다. 부산 초량 객사에 세운 개성학교1895에 이어 현 밀양 상설시장 내에 건립된 개창학교는 밀양 교육의 산실이었다. 1901년 공립개창학교로 변경되었다가 1906년 교육령에 의해 1908년 밀양공립보통학교갑종으로 바뀌었다.

3.13밀양면만세운동의 주역들이 대부분 이 학교 출신이며, 3월 14일에는 교장과 교사의 손을 뿌리치고 전교생이 만세운동을 스스로 기

획하여 일으키기도 하였다. 당시 학생들의 재적부를 확인한 결과 만세운동에 참여하였던 학생 중 3학년은 모두 퇴학을 당하였고, 2학년 5명, 1학년 8명만이 졸업한 사실이 알려졌다. 당시 3학년이던 한봉삼은 이후 노동운동을 통해 정부로부터 애족장을 서훈받았으나, 졸업을 하지 못한 것을 안타깝게 여겨 2019년 2월 15일 그에게 명예졸업장이 수여되었다.

밀양공립보통학교는 1922년 지금의 자리로 이동하였고, 그 자리에 밀양경찰서가 세워졌으나 1966년에 지금의 상설시장이 조성되었다.

또 하나의 대표적 교육기관은 현재 치즈 스쿨로 변모한 부북면 퇴로리의 정진초등학교이다. 1899년에 이 학교의 전신인 '화산의숙'이 설립되어 지역의 교육을 담당하였다.

광무연간에 밀양 지역의 유지들에 의해 설립된 사립 동화학교도 독립운동가를 길러 낸 산실이었다. 지금까지 이 학교는 중학교 과정으로 알려졌으나, 김원봉과 윤세주의 학적부를 확인하는 과정에서 다른 점이 발견되었다. 두 사람의 학적부에는 동화학교에서 밀양공립보통학교로 편입한 것으로 기재되어 있었다. 그러므로 동화학교는 초급에서 중급 과정을 포함하는 학교로 추정할 수 있다. 약산의 글 '석정 동지 약사'에는 석정 윤세주와 더불어 천장절1911년 11월 3일로 추정–약산 김원봉의 재적부 확인 결과, 약산은 1911년 12월에 제적당함에 일장기를 변소에 처넣어 퇴교당하고 동화학교의 중학 과정에 입학한 것으로 되어 있기 때문이다. 다시 연구되어야 할 부분이지만 밀양의 독립운동가들은 대부분은 밀양공립보통학교 출신이거나 또는 사립 동화학교 출신이다.

동화학교는 개교 당시 윤병연 선생이 교장을 역임하였고 뒤 이어 윤희영, 그리고 3대 교장으로 을강 전홍표 선생이 역임하였다. 을강은 동화학교 학생들을 지도하여 연무단이라는 비밀결사를 조직하게 하였고, 늘 제자들에게 말하였다.

"빼앗긴 국토를 다시 찾고, 잃어버린 주권을 회복하기 전에는 우리는 언제나 슬프고 비참하다. 그러기에 우리의 목숨이 살아 있는 동안은 강도인 일본과의 투쟁을 한시도 게을리할 수 없다. 미래는 너희들의 것이다. 너희들이 분기하지 않고, 대체 누가 조국광복의 대업을 이룰 것이냐?"

동화학교에는 김대지, 황상규도 교사로 재직하고 있었으므로 교장 을강 선생을 비롯한 교사들의 가르침은 밀양 독립운동의 원동력이 되었다.

일제에 저항한 또 하나의 요인은 밀양에 전해 오는 정신이다. 충의忠義와 절의節義의 정신은 조국이 위기에 처하였을 때 자신의 재산과 목숨을 내놓을 수 있는 용기가 되었다. 사명당 유정대사의 충의 정신과 점필재 김종직으로부터 이어 온 절의 정신은 이 지역민의 얼이었다.

그리고 밀양의 저항운동이 처절하였던 이유는 일제의 무자비한 수탈 때문이다. 밀양은 예로부터 물 좋고 기름진 평야를 지니고 있다. 낙동강 변에 위치한 하남벌판, 상남벌판은 일제의 군침을 돌게 하였다. 기름진 평야에서 생산되는 질 좋은 쌀은 수탈의 대상이 될 수밖에

1924년 밀양공립보통학교.

없었다.

토지조사업으로 인한 경작권의 박탈, 그리고 산미증식계획으로 인한 수탈로 조선의 자작농 및 자소작농은 완전한 소작농이 되거나 화전민 또는 걸인화가 되는 현상이 발생하는 와중에 밀양의 경우는 경남의 평균 소작료율보다 높은 80%까지 지주에게 바쳤기에 농민들은 임금 노동을 하지 않으면 생계조차 유지하기 어려운 지경이었다.

이런 어려움이 단순한 자신의 게으름이나 무지 때문이 아니라 일제의 강점에서 연유되었다는 사실을 깨달은 밀양인들은 이에 대한 저항에 자신의 모든 것을 걸었다. 그리고 밀양의 후예들에게 '독립운동의 성지'라는 소중한 자산을 남겨 주었다.

제5전시공간은 밀양 내에서의 소작쟁의, 노동쟁의, 학생들의 투쟁, 신간회 밀양지회, 청년운동, 여성청년운동 등을 알려 주며, 특히 종교계의 최대 독립운동 단체인 대종교와 윤세복 선생을 생각하게 하는 공간이다.

내일을 향해 흐르는 남천강,
해방 그리고 밀양 그 이후

대부분 배타성을 지닌 지역의 역사를 살펴보면 '제노사이드genocide, 대량 학살'의 흔적이 남아 있다. 밀양도 예외가 아니다.

숨죽였던 밀양인들은 김원봉에 대한 이야기나 독립운동가에 대한 이야기를 하지 않았다. 6.25전쟁 중에 있었던 보도연맹 사건은 밀양인들에게 '침묵'이라는 커다란 교훈을 심어 놓았다. 보여도 보지 않은 듯, 들려도 아무 것도 못 들은 냥 가만히 있는 것이 목숨을 부지하는 것이란 것을 운명처럼 배우고 살았다.

이런 밀양에서 2001년 '석정 윤세주 탄생 100주년 국제학술대회'가 밀양시청 대강당에서 개최되었다. 놀랍게도 석정의 후손들이 마련한 자리였다. 조국을 위해 목숨을 잃은 할아버지를 둔 손자, 손녀들이 아무도 알아주지 않는, 아니 알면서도 모르쇠 하는 밀양 시민들에게 학술대회라는 이름으로 다가온 것이다.

역사학자로서 꾸준히 약산 김원봉에 대해 연구해 온 분들이나 석정 윤세주를 연구하면서 열사에게 반하여 전공이 아니면서도 평생 석정을 연구하시는 분들을 뵈면서 '모든 역사적 사실은 언제가 드러난다'라는 믿음을 갖게 되었다.

이후 밀양에는 많은 변화들이 생겼다. 독립운동기념관이 건립되고, 의열기념관도 개관되어 많은 이들의 발걸음을 재촉하고 있다.

독립운동기념관을 나서면 정부로부터 애족장 이상 서훈을 받은 분들의 흉상이 '선열의 불꽃' 과 함께 길손들을 반긴다.

기념 공간이나 흉상 제작으로 우리는 의무를 다하였다 말할 수 없다. 잊지 않고 그들을 기억하는 것이 우리의 가장 큰 의무이다. 그리고 그들의 정신을 실천하는 것이 무엇보다 중요하다. 무엇을 위해 그들은 목숨마저 내놓았을까? 그런데 지금 우리들은 무엇을 하고 있나? 스스로에게 질문을 할 순간이다.

이 노래는 죽음의 노래이지 삶의 노래가 아니다

아리랑 아리랑
아라리요

〔여섯 번째 이야기〕

아리랑과 독립군이 하나 되다!

아리랑 아리랑 아라리요
아리랑 고개를 넘어간다.
아리랑 고개는 열두 구비
마지막 고개를 넘어간다.

청천 하늘에 별도 많고
우리네 가슴엔 수심도 많다.
아리랑 아리랑 아라리요

아리랑 고개를 넘어간다.

아리랑 고개는 탄식의 고개
한 번 가면 다시는 못 오는 고개.
아리랑 아리랑 아라리요
아리랑 고개를 넘어간다.

이천만 동포야 어데 있느냐
삼천리강산만 살아 있네.
아리랑 아리랑 아라리요
아리랑 고개를 넘어간다.

지금은 압록강 건너는 유랑객이요
삼천리강산도 잃었구나
아리랑 아리랑 아라리요
아리랑 고개를 넘어간다.

우리 민족 누구나 부르는 노래, 이천만 동포야 어데 있느냐 삼천리강산만 살아 있네. 지금은 압록강 건너는 유랑객이요 삼천리강산도 잃었구나.

동포들이 길 떠나고 홀로 남겨진 강산마저 없어졌다는 절망감, 그 마음을 노래로라도 불러야 했다. 아리랑은 그렇게 우리들 마음에 한恨으로 남았다. 더불어 강도 일본을 기어코 몰아내야 한다는 신념을 갖고 목숨마저 내놓을 희망도 품었다.

아리랑은 민중의 노래이다. 우리 한민족의 정서이자 한국을 대표하는 노래이다. 아리랑은 '아리랑 또는 이와 유사한 음성이 들어 있는 민요의 총칭'으로 남북을 합쳐 60여 종 3천6백 수에 이른다고 한다.

조선인이라면 누구나 부르는 이 노래가 파란 눈의 이방인 시선에는 어떻게 비쳤을까? 장지락김산과 함께 아리랑을 서술한 님 웨일즈헬렌 포스터 스노우는 그의 저서를 『아리랑』이라 이름 지었다. 장지락은 그녀의 입을 빌려 우리 노래 아리랑을 다음과 같이 말하였다.

> 조선에는 민요가 하나 있다. 그것은 고통 받는 민중들의 뜨거운 가슴에서 우러나온 아름다운 옛 노래다. 심금을 울리는 아름다운 선율에는 슬픔이 담겨 있듯이, 이것도 슬픈 노래다. 조선이 그렇게 오랫동안 비극적이었듯이 이 노래도 비극적이다. 아름답고 비극적이기 때문에 이 노래는 300년 동안이나 모든 조선 사람들에게 애창되고 있다.
>
> 서울 근처에 '아리랑 고개'라는 고개가 있다. 이 고개 꼭대기에는 커다란 소나무가 한 그루 우뚝 솟아 있었다. 조선 왕조의

압정하에서 이 소나무는 수백 년 동안이나 사형대로 사용되었다. 수만 명의 죄수가 이 노송의 옹이 진 가지에 목이 매여 죽었다. 그리고 시체는 옆에 있는 벼랑으로 던져졌다. 그중에는 산적山賊도 있었고, 일반 죄수도 있었다. 정부를 비판한 학자도 있었고, 조선 왕족의 적들도 있었고, 반역자도 있었다. 하지만 대다수는 압제에 대항해 봉기한 빈농이거나 학정과 부정에 대항해 싸운 청년 반역자들이었다. 이런 젊은이 중의 한 명이 옥중에서 노래를 한 곡 만들어서는 무거운 발걸음을 끌고 천천히 아리랑 고개를 올라가면서 이 노래를 불렀다. 이 노래가 민중에게 알려진 뒤부터 사형선고를 받은 사람이면 누구나 이 노래를 부르면서 자신의 즐거움과 슬픔에 이별을 고하게 되었다. 이 애끓는 노래가 조선의 모든 감옥에 메아리쳤다. 이윽고 죽기 전에 마지막으로 이 노래를 부를 수 있는 최후의 권리는 누구도 감히 부정할 수 없게 되었다.

아리랑은 이 나라의 비극의 상징이 되었다. 이 노래의 내용은 끊임없이 어려움을 뛰어넘고 또 뛰어넘더라도 결국에 가서는 죽음만이 남게 될 뿐이라는 의미를 내포하고 있다. 이 노래는 죽음의 노래이지, 삶의 노래가 아니다. 그러나 지금은 패배가 아니다. 수많은 죽음 가운데서 승리가 태어날 수도 있다. 이 오래된 '아리랑'에 새로운 가사를 붙이려는 사람도 있다. 하지만 마지막 한 구절은 아직 만들어지지 않았다. 수많은 사람이 죽었으며, 더욱 많은 사람이 압록강을 건너 유랑하고 있다. 그렇지만 머지않은 장래에 우리는 돌아가게 될 것이다.

1910년 조선이 일본에 병탄되었을 때 원래의 노래에 다섯 구절이 더 첨부되었다. 요즈음에는 가사가 다른 노래가 거의 100여 곡이나 된다. 만주 벌판 어디에서나 조선인 의용병이건 중국인이건 모두가 이 아리랑을 부르고 있다. 이 노래는 일본에서도 널리 알려져 있다. 레코드에 취입된 아리랑만도 세 종류나 된다. (…)

아리랑 고개는 열두 고개라는 구절이 있다. 12라는 숫자는 불운을 가리키는 만국 공통의 숫자이다. 조선은 이미 열두 고개 이상의 아리랑 고개를 고통스럽게 넘어왔다. (…)

1905년 이래 어디선가 투옥되거나 사형된 자 수백 명. 조선에서는 물론이요, 시베리아에서, 만주에서, 중국에서, 일본에서. 혁명가에게 있어서 나라를 넷이나 가진 인간은 나라를 하나도 갖지 못한 인간보다 훨씬 더 비참하다. 각국에서 받은 것이라고는 오직 천국행 차표 한 장뿐이다. 우리 조선인들은 일본인, 중국인, 상하이의 영국인과 프랑스인, 조선 경찰 등에 의해서 '합법적으로' 체포된다. 아무데서도 보호를 받지 못하였다. 그러므로 조선인은 동양에서 가장 믿음이 깊은 기독교 민족인 것이다. 우리들은 하늘나라에서 우리의 슬픔이 멈추기를 기원한다. 그곳에는 자유라고 하는 '위험한 사상'을 가진 사람들을 잡아넣을 감옥이

> 하나도 없을 테니까 말이다. 그럼에도 우리는 아직도 최후의 희생이 마침내 승리를 가져오리라는 희망을 간직하고 있다. 조선은 아직도 마지막 아리랑의 고개를 올라가서 그 오래된 교수대를 때려 부술 정도의 힘을 가지고 있다.

구슬픈 노래 속에는 이렇게 오래된 교수대를 때려 부술 정도의 희망이 담겨 있었다. 노랫말에는 체념과 한이 서려 있어도 그 가락에는 언제나 강도 일본을 몰아내고, 거짓과 폭정을 몰아낼 민중의 희망이 담겨 있었다.

누군가가 '아리랑이란 단어를 되뇌면서 발음을 하면 목 넘김이 부드럽고, 밖으로 나온 음은 청명한 대기 중에 물결을 이루는 느낌이 든다. 이 유혹을 뿌리치지 못해 백인백색의 아리랑에 대한 주장이 있을 것이고, 민중의 가슴에 깊게 파고드는 모습'이라고 이야기하였다.

이 구슬픈 민중의 노래가 유네스코 인류 무형문화유산에 등재2012되면서 아리랑을 대표하는 세 지역이 합동으로 공연을 하는 등 이를 계승하고 발전시키려는 노력을 하고 있다. 공연장에서 들려오는 「정선아리랑」이나 「진도아리랑」의 구성진 가락과는 달리 경쾌한 세마치장단의 「밀양아리랑」에서는 또 다른 아리랑의 묘미를 맛볼 수 있다.

「밀양아리랑」의 연원에 대해서는 여러 주장이 있다. 김종직 선생이 연산군에 의해 부관참시를 당한 것에 대한 한恨과 울음소리가 전국의 아리랑 노랫가락에 붙여져서「밀양아리랑」으로 굳어진 것이라는 것과 고려 시대 김사미, 효심의 난 당시 밀양에 왔던 청도인들이 고향으로 돌아가지 못하는 설움을 노래하며 생겼다는 것, 또는 삼별초의 난 때 함께하였던 사람들의 노래가「밀양아리랑」이 되었다고 하는 설이 있다. 어떤 이는 아랑 설화와 연계하여 그녀의 넋을 위로하는 노래였다고도 한다. 가락의 경우는 조선 후기 이미 알려진「아리랑」의 후렴에 장고 등의 악기에 알맞은 신곡이었다고 한다.

1929년 별건곤別乾坤 22호에 밀양의 7대 명물의 하나로「밀양아리랑」을 소개하며 쓴 차상만의 글이 있다.

> 어느 지방이든지 아리랑타령이 없는 곳이 없지만은 이 밀양의 아리랑타령은 특별히 정조가 구슬프고 남국의 정조를 잘 나타낸 것으로서 경상도 내에서 유명할 뿐 아니라 지금은 전국에 유행이 되다시피 한 것이다. 그러나 수심가는 평안도에 가서 들어야 그 지방의 향토미가 있고, 개성난봉가는 개성에 가서 들어야 개성의 멋을 알고, 신고산타령은 함경도에 가서 들어야 더욱 멋이 있는 것과 같이 이 밀양아리랑타령도 서울이나 대구에서 듣는 것보다 밀양에 가서 들어야 더욱 멋을 알게 된다. (…) 특히 화악산 밑에 해가 떨어지고 유천역에 저녁 연기가 실낱같이 피어

오를 때에 낙동 평야 갈수통 속으로 삼삼오오 목동의 무리가 소를 몰고 돌아오며 구슬픈 정조로 서로 받아가며 부른다. 이렇게 하는 소리를 들으면 참으로 구슬프고도 멋이 있고 운치가 있다. 아무리 급행열차를 타고 가는 사람이라도 그 누가 길을 멈추고 듣고 싶지 않으랴.

모든 이들이 구슬프다고 표현하는 「밀양아리랑」은 실은 경쾌한 리듬의 노래이다. 그러나 세마치장단으로 슬픔을 승화해 즐거움으로 표현한 노래라고 한다면 전율이 인다.

세마치의 「밀양아리랑」을 중모리장단으로 노래하면 구성지다. 어떤 이유에서인지 「밀양아리랑」은 세마치장단으로 빠르게 부른다. 이는 넓은 밀양의 벌판과 넉넉한 인심이 만들어 낸 행복한 노래여서 경쾌한 것은 아닐까.

「밀양아리랑」을 연구한 학자들은 지역성을 지닌 것과 통속화된 두 종류의 「밀양아리랑」이 전승되고 있다고 말한다. 일제강점기 방송과 음반으로 출시되면서 확산된 「밀양아리랑」은 토박이가 아닌 서도 및 평양, 그리고 서울 지역의 전문 소리꾼인 기생들이 주로 노래하였고 남자 중에는 전경희全京希, 박춘재朴春載도 녹음을 남겼다.

음반 속에 남아 있는 「밀양아리랑」, 그 대표적 가사를 살펴보자.

밀양아리랑

(후렴구) 아리아리랑 쓰리쓰리랑 아라리가 났네. 아리랑 고개로 날 넘겨 주소(아리 아리랑 쓰리 쓰리랑을 지게 목발 소리라 불리는 아리당다꿍 쓰리당다꿍의 밀양 특유의 사투리로 생동감과 흥을 돋우기도 한다.)

1. 날 좀 보소 날 좀 보소 날 좀 보소 / 동지섣달 꽃 본 듯이 날 좀 보소

2. 정든 님이 오셨는데 인사를 못 해 / 행주치마 입에 물고 입만 방긋

3. 남천강 굽이쳐서 영남루를 감돌고 / 벽공에 걸린 달은 아랑각을 비추네

영남루 명승을 찾아가니 아랑의 애화가 전해 있네

이렇게 지역민뿐만 아니라 경상도를 대표하는 아리랑을 넘어 전국적인 아리랑이 된 「밀양아리랑」은 1930년대 중국 및 연해주에서 「독립군아리랑」으로 불렸고, 1941년 이후에는 「광복군아리랑」으로 불렸다. 한반도를 넘어 중국과 만주에서 항일의 노래로, 민족성을 지닌 노래로 그 기능이 확대되었다.

해방 이후에는 6.25전쟁 당시 중공군의 군가집에도 수록되어 있으

며, 1980년대에는 노동자들의 삶을 담아낸 투쟁가요로도 개사되어 「신밀양아리랑」으로 불렸고, 민주화 열기를 넘어 통일의 열기로 진화되어 「통일아리랑」으로도 개사되어 불렸다. 짧은 가사에 후렴으로 주고받을 수 있는 노래의 형식이 누구나 쉽게 따라 부를 수 있는 장점을 지니고 있어 일제강점기에는 독립군가로, 해방 이후에는 노동가요로, 또 통일아리랑으로 불리게 된 것이다.

이들의 노랫말을 살펴보자. 먼저 「독립군아리랑」이다. 만주와 연해주 지역에서 1930년대 우리 독립군들이 부른 것으로 알려진 이 노래는 밀양 출신 석정 윤세주가 개사한 것이다. 김학철을 비롯한 조선의용대원들과 연변의 학자들이 이를 주장하고 있다. 김학철은 석정이 바르샤바행진곡에 개사한 「최후의 결전」과 「독립군아리랑」을 조선의용대원들이 가장 많이 부른 노래라고 하였다. 김학철의 주장에 따르면 만주와 연해주보다는 중국 본토에서 조선의용대원들이 부른 노래이다.

그 노랫말은 다음과 같다.

독립군아리랑

(후렴) 아리아리랑 쓰리쓰리랑 아라리요 독립군 아리랑 불러나 보세

1. 대한제국 말년에 왜倭 난리 나니 이천만 동포들 살 길이 없네

2. 일어나 싸우자 총칼을 메고 일제 놈 쳐부셔 조국을 찾자

3. 내 고향 산천아 너 잘 있거라 이내 몸 독립군 따라가노라

4. 부모님 처자를 이별하고 왜놈을 짓부셔 승리한 후에

5. 태극기 휘날려 만세 만만세 승전고 울리며 돌아오리라

「광복군아리랑」은 아나키스트들의 모임인 한국청년전지공작대원들이 1941년 한국광복군 제5지대로 편입되면서 그 대원인 한형석韓亨錫, 필명 한위한韓悠韓이 개사하여 부른 노래이다. 그 노랫말을 다음과 같다. 기존의 「독립군아리랑」에 4절을 더한 것이다. 가사의 내용과 표현이 앞의 구절과 확연히 다름을 느낄 수 있다. 윤세주의 결기는 광복에 대한 집념으로 나타나고, 해방의 순간이 다가오는 시점의 한형석은 좀 더 여유가 느껴진다.

광복군아리랑

(후렴) 아리아리랑 쓰리쓰리랑 아라리요 광복군 아리랑 불러나 보세

1. 대한제국 말년에 왜倭 난리 나니 이천만 동포들 살길이 없네

2. 일어나 싸우자 총칼을 메고 일제 놈 처부셔 조국을 찾자

3. 내 고향 산천아 너 잘 있거라 이내 몸 독립군 따라가노라

4. 부모님 처자를 이별하고 왜놈을 짓부셔 승리한 후에

5. 태극기 휘날려 만세 만만세 승전고 울리며 돌아오리라

6. 우리네 부모가 날 찾으시거든 광복군 갔다고 말 전해 주소

7. 광풍이 불어요 광풍이 불어요 삼천만 가슴에 광풍이 불어요

8. 바다에 두둥실 떠오는 배는 광복군 싣고서 오시는 배래요

9. 동실령 고개서 북소리 둥둥 나더니 한성성 복판에 태극기 펄펄 날아요

다음은 6.25전쟁 당시 중국군 군가집 『조선지가朝鮮之歌』에 수록되어 있는 「파르티잔아리랑」이다.

파르티잔아리랑

1. 남조선 바라보니 가슴 아프다 북조선 백성은 행복하다네

2. 이승만 머리는 뾰족하고 김성주 머리는 표주박 같네

3. 백두산 공화국 깃발 날리고 제주도 한라산 유격대가 섰네

4. 男 아가씨 날 좀 보소 자세히 보소 겨울에 핀 꽃같이 사랑해 주오

5. 女 그런 마음 가진 당신 나는 좋아 꽃가마 오며는 당신을 따를게

6. 男 나는야 군인 그대 사랑할 수 없네 그대 위한 꽃가마 없어 결혼은 못 하네

8. 금강산을 탐내는 미국이여 침략만 해봐라 다리를 자르리

다음은 1980년대 우리 노동자들이 개사하여 불렀던 「신밀양아리랑」의 노랫말이다.

신밀양아리랑

(후렴) 아리아리랑 쓰리쓰리랑 아라리가 났네 아리랑 고개로 넘어간다.

1. 이불이 들썩 천장이 들썩 지붕이 들썩 / 혼자 자다 둘이 자니 동네가 들썩
2. 공장이 들썩 공단이 들썩 인천이 들썩 / 우리 노동자 단결하니 전국이 들썩
3. 과장이 벌렁 상무가 벌렁 사장이 벌렁 / 민주노조 결성되니 회장이 벌렁

학생도 단결 농민도 단결 시민도 함께
우리 노동자 앞장서니 온 나라가 불끈

「통일아리랑」은 어떤 노랫말일까?

통일아리랑

(후렴) 아리덩덕쿵 쓰리덩덕쿵 아라리가 났네 아리랑 어절씨구 아라리가 났네

1. 갔던 이 돌아오니 동네가 들썩 / 나도 좋아 너도 좋아 모두가 좋아

2. 모였네 모였네 여기다 모였네 / 우리는 한 나라 이웃사촌이라네

3. 오는 소식 가는 소식 웃음꽃 소식 / 어깨동무 허리동무 아우러나 보세

4. 이 바람 저 바람 통일의 바람 / 이 나라 하나 되는 통일의 바람

5. 들풍년 산풍년 만풍년 들어라 / 우리 동네 온 나라 풍년 잔치 얼씨구

이렇듯 「밀양아리랑」은 그 특유의 가락으로 많은 사람들의 사랑을 받았고, 유네스코 인류 무형문화재로 등재되었다. 이 아리랑 속에 우리의 가슴을 파고드는 아리랑은 역시 「독립군아리랑」이다. 힘찬 가락에 굳센 의지가 담긴 노래, 조선의용대원들이 고된 훈련 속에서도 적

과의 투쟁 속에서도 함께하였던 노래, 그들의 정신적 지주인 석정 윤세주 열사의 결기가 느껴지는 노래, 그래서 조선의용대원들은 '밀양'을 제2의 고향이라 하였다. 최후의 분대장 김학철은 2001년 밀양을 방문하여 그토록 그리던 김원봉과 윤세주의 고향집 흙을 한 줌 움켜쥐고, 박차정 의사의 무덤에서 '누님' 하고 부르며 꾸역꾸역 울음을 삼켰었다. 보는 이의 가슴을 쥐어뜯던 그의 울음은 곧 마지막 소원을 이루었노라며 평온해졌다.

그는 김원봉과 윤세주의 고향을 자신의 고향처럼 그리워하며 향수鄕愁를 앓았던 사람이다. 조국 광복을 위해 헌신하였던 그 시절, 생사고락을 함께하였던, 그리고 가장 존경하였던 석정 윤세주가 태어났던 생가의 앞마당 한 줌 흙을 눈물로 집었던 김학철의 구슬픈 가락이 곧 「독립군아리랑」이자 「밀양아리랑」이었다.

너무나 절망스러운 현실, 도무지 앞이 보이지 않는 안개 속에서 조선의용대 대원들은 석정 윤세주가 작사한 「독립군아리랑」과 「최후의 결전」을 부르며 동지의 죽음을 넘어, 두려움을 넘어 조국 광복의 순간까지 최후의 결전을 하였던 것이다. 동지를 위하여 조국을 위하여 죽었다고 전해짐을 두려워 말라던 석정의 목소리를 들으며 그들은 그렇게 최후의 혈전으로 자신의 마지막 일점 피를 다 쏟아 내었다.

죽어가던 그들은 마지막 노래로 아리랑을 불렀을 것이다. 남북단일팀을 만들어 올림픽과 국제경기에 참여하는 남북의 선수들이 아리랑을 부른 것처럼 누가 가르쳐준 것이 아니라 절로 그렇게 그 노래를 불렀을 것이다. 아리랑은 바로 우리들 자신이기 때문이다.

그리고 아리랑은 영화로, 가극으로 제작되어 우리 민중의 애환을 달래었을 뿐만 아니라 독립운동에 지친 우리 병사들에게 위로와 희망을 안겨 주기도 하였다. 1926년 개봉된 나운규의「아리랑」이 국내의 민중에게 카타르시스의 역할을 담당하였다면 한국청년전지공작대의 가극「아리랑」은 조선의용대와 한국광복군의 병사들의 사기를 진작시키는 역할을 하였다.

타이항산 상무촌에서도 아리랑이 공연되었다고 기억하는 사람이 있었다. 밀양에서 찾아가는 어린 학생들을 보며 마치 석정 윤세주 열사를 만난 듯 기뻐하였던 조은경 할아버지는 상무촌의 무명열사묘를 지키는 또 한 사람의 혈맹우인으로, 그는 조선의용대원들이 공연하였던「조선의 딸-아리랑」등을 기억하고 있었다. 남장촌의 왕교진 할머니는 조선의용군 오빠들의 나라에 꼭 한 번만이라도 가 보고 싶다고, 늠름하며 조금도 비굴하지 않았던 우리 독립투사들을 생생히 기억하고 있었다. 그리고 그들은 우리의 노래 아리랑을 흥얼거리며 따라 불렀다.

조선의용대의 연극「아리랑」은 아리랑 고개를 넘어 고향을 떠나 이역을 유랑하는 조선 민족의 고통스러운 삶을 표현하였다. 무대 한가운데에는 아리랑 산봉우리와 조그마한 오솔길이 나 있고 늙은 농부와 소녀가 침통한 표정으로 한 번 넘으면 영원히 조국으로 되돌아올 수 없는 아리랑 고개를 넘고 있다. 그러나 죽더라도 조국의 품 안에서 죽겠다고 절규하는 청년들의 굳은 의지를 표현하며 극이 끝난다.

가극 「아리랑」은 '아리랑 고개 「평화로운 한국의 참상」'으로 공연되었으며 조선의용대의 연극을 가극의 형태로 만든 것이다. 노래를 총 7곡 삽입하여 만든 가극으로 중국인들을 대상으로 공연하였다. 특히, 서곡은 음악가 20여 명이 직접 현장에서 여러 악기들을 연주하여 큰 호응을 얻었으며, 1940년 5월에는 필요한 물자를 모집하기 위해 공연되었다.

1941년 2월에는 타이틀을 「아리랑」에서 「조선의 딸」로 바꾸어 공연하였고, 이때 여주인공의 역할은 조선의용대원 김위金衛, 金偉가 맡아 열연하여 중국인들의 마음을 감동시켰다.

가락과 노랫말은 공동체 구성원의 마음을 하나로 모으는 가장 중요한 수단이다. 특히 조국을 떠나 독립운동을 전개하던 독립군들에겐 죽음에 대한 두려움과 고향으로 돌아가지 못할 수도 있다는 불안감이 늘 존재하였을 것이다. 그런 그들의 마음을 다잡도록 이끈 노래가 바로 독립군가이다. 그중에서 가장 많이 부른 노래가 독립군아리랑이다. 한국광복군 창설 이후에는 그 이름을 「광복군아리랑」이라 불렀으나, 그것은 결국 윤세주가 작사한 곡에다 몇 곡을 덧붙인 노래이다. 그러므로 타이항산으로 이동한 조선의용대 화북지대와 한국광복군 두 군대 모두가 불렀던 노래가 바로 「독립군아리랑」인 것이다. 둘 다 「밀양아리랑」을 원곡으로 한 노래이다. 빠르고 경쾌하여 훈련 기간은 물론 타이항산으로 이동하는 긴 여정에도 대원들의 용기를 북돋우는 역할을 톡톡히 하였을 것이다.

고향에 대한 그리움과 그 고향땅을 되찾겠다는 결기를 다지는 노래였기에 독립군들의 사랑을 받았고, 6.25전쟁 중에는 중국군들이 불렀던 노래 「파르티잔아리랑」, 그리고 1980년대 노동자들이 새로운 세상을 담은 「신밀양아리랑」, 그리고 민족통일의 염원을 담은 「통일아리랑」까지 밀양아리랑은 긴 생명력을 보여 주었다.

2012년 유네스코 인류무형문화유산으로 등재되면서 세계인의 아리랑으로 자리매김한 밀양아리랑은 밀양인의 정신과 얼을 담은 노래로, 조국의 위기에 분연히 일어났던 애국의 노래로, 미래 통일의 노래로 전 세계에 울려 퍼지고 있다.

겨레 아리랑

옹이진 소나무 향해
아리랑 고개길을 올라가던
젊은 죄수의 서글픈 절규는
모든 죽어가는 이의 특권이 되었다

반역자로, 민중봉기자로
생을 마감하던 이들이

피로 부른 노래는
남녁 미리벌에서 세마치 장단을 얹었다

시베리아 만주 중국 일본
나라를 넷이나 가져도
하나 가진 이만 못한 슬픈 족속의 노래는
열 두 고개 너머 희망을 품었다

의용대의 독립군아리랑
임시정부의 광복군아리랑으로 거듭난
미리벌의 아리랑은
전장의 외로움을 안았다

노동자의 신아리랑을 지나
통일아리랑이 되어 다가온
따스한 밀양 땅의 아리랑은
온 겨레의 소망을 담았다

参加中国

우리는 오직 석정 동지의 혁명정신을 학습하고
그의 혈적을 밟아 전진하여 그의 미완성한 유업을 완성할 뿐이다

나의 청춘은
감옥에서 다 보냈다.

석정 동지 약사

김원봉

석정 동지의 원명은 윤세주이다. 그의 고향 즉 나의 고향은 조선 경상남도 밀양군 성내이며 그의 집과 나의 집은 상거相距가 불과 지척간이다. 우리들은 어려서부터 한곳에서 놀고 한곳에서 자라났다. 그는 나보다 두 살 아래이며 우리는 8, 9세부터 한 학교에서 독서하였다. 그때 우리들 서로 좋게 지나던 7, 8명 어린이들 중에 그는 나와 특별히 친밀한 사람이다. 망국 당시 그는 11세, 나는 13세였었는데 그때 '일·한병탄'의 소식을 들은 후 우리 어린이들은 한곳에 모이어 통곡 유체流涕하였다. 이때부터 우리 어린 동무들은 애국사상에 완전히 도취되어 시종으로 일어과를 상학하지 아니하였다.

망국 후 제1차 적의 소위 '천장절'1911년 11월 3일을 당하여 우리 어린 동무들은 일장기를 변소 똥구덩 속에 꽂아서 소위 '천장절 경축'의 반대를 표시하였더니 학교 당국 일인 교장은 위협 이유利誘의 수단으로서 심지어 우리를 구타 고문하였으나, 우리들은 시종 부인하였으므로 이 사정의 진상은 영원히 발현되지 않았다.

경남도청은 이 일로 인하여 조선어를 아는 일인을 학교에 보내어 엄중한 훈화를 한 일이 있다. 그 후 우리들은 일인이 경영하는 보통학교에서 노화奴化 교육을 받기 싫어서 석정 동지와 나는 일인 학교를 탈리脫離하여 사립 동화중학에 입학하였다. 우리들은 그때 비록 중학에 입학하기는 정도가 부족하였지만 우리들은 애국 학생이었으므로 특별히 입학을 준허한 것이다. 동화중학교 시절 그와 나는 여러 동학들을 향하여 애국사상을 적극 고취하는 일면 학교 내에 애국 단체-연무단을 비밀리 조직하였다. 당시의 우리들은 조선이 상무를 하지 않아서 멸망하였다 생각하고 동삼성에 가서 연병을 해서 복국復國하자고 주장하였다. 이것이 당시의 석정 동지와 몇 동무들의 동일한 이상이었다. 이 목적을 달성하는 준비로서 신체를 건강히 하기 위하여 우리들은 여름 염천하에 강변 사장 위에서 풋볼을 찼었고, 겨울 아침 상학 전에는 등산과 냉수욕을 하였다. 동화중학 2개년 동안에 있어서 그와 나는 위인전기, 조선 역사, 지리 내지 6도 3약六韜三略 등 서적을 제일 많이 애독하였는데 그 당시 일인은 조선 역사 읽는 것을 금지하였으므로 우리들은 비밀히 초하여 호상전독互相傳讀하였다. 단군개천일에 학교에서는 공개로 기념하기는 불능하므로 그와 나는 상의한 후 연무단 동지와 함께 단군개천가를 고창하면서 거리에서 경축유행遊行을 하였다. 그 후 우리 학교는 반일 혐의로서 일인의 주시를 받게 되고 또 경제곤란으로 계속 유지할 수 없게 되므로 석정 동지와 우리 몇 동무들은 통분한 마음으로 학교 유지를 위하여 자금을 모집한 결과 겨우 80원을 모아서 교장에게 전하면서 "이것으로 학교를 유지할 수 있느냐."고 물었더니 교장은 눈물을 흘리면서 우리를 대하여 하는 말이

"우리가 학교를 폐쇄하게 되는 것은 비단 경제 곤란 원인뿐만 아니라 더욱 중요한 것은 배일문제"라고 하였다. 동화중학이 폐지된 이후 우리 두 사람은 실학失學하여 가정에서 약간의 시기를 보냈다. 석정 동지는 상경하여 오성중학에 입학하였고 나는 중앙학교에 다녔다. 학교에 있는 동안 학교 교육이 우리의 반일 복국의 욕구에 만족을 주지 못하는 것을 감득하였으므로 국내에서 각지 동지와 연락하여 애국운동을 부단히 진행하였다. 1919년 3.1운동이 폭발되자 그는 우리 고향의 여러 동지들과 같이 지방 민중을 동원하여 대 시위운동을 거행하였다.

그는 또 독립신문 경남지국을 조직하고 자기가 국장이 되어 선전 공작을 진행하였다. 그러나 적인의 협박하에 그는 더 이상 공작을 계속할 수 없어 그 후 그는 중국 요녕성 유하현 고산자에 와서 신흥학교에 입학하여 숙원이던 군사학을 배우기 시작하였다. 이 학교는 혁명학교이므로 그 당시 전국의 열혈 청년들이 운집하는 학교이었다. 당시에 나도 그곳에 가서 석정 동지를 다시 만났다.

그와 나뿐만 아니라 다른 동지들도 모두 생각하기를 현재 혁명은 이미 폭발되었으므로 응당히 학교로부터 나와 반일 복국운동을 적극 진행할 때라고 인정하고 그와 나, 또 기타 동지 도합 13인이 길림성으로 와서 의열단을 조직하고 제1차 실행 계획으로서 조선총독부·매일신문사·동양척식회사5파괴를 파괴할 것과 또 적의 관공리·정탐노·친일부호 등7가살을 암살할 것을 결정하였다. 석정 동지는 당시 불과 19세로 우리 단에서 제일 나이 어린 동생이었으나 그는 수과여러 개 폭탄을 휴대하고 국내에 가서 파괴공작을 진행할 것을 자원하였다. 우리들은 그의 연령이 너무 어리므로 가지 말라고 권하였다. 그러나 그는 우리를 향하여 열렬히 말하기를 "나는 다른 사람보다 더 묘한 방법으로 적탐의 주의를 능히 피면할 수 있고, 만일 불행히 피포된다 하더라도 나는 의지가 견결堅決하므로 우리의 비밀을 누설하지 아니하겠다." 라고 하였다. 그의 열정에 감동된 우리들은 다시 더 만류하지 못하였다. 그가 입국한 이후 유명한 의열단 제1차 사건은 불행히도 실패되어 작탄·권총·선언문 등이 적탐에게 압수되고 동지 10여 인은 선후하여 피포·입옥되었다. 그는 피포인 중 연령은 제일 어린 사람이었지만 시종으로 함구불언하였으므로 받은 악형은 누구보다도 심하였다. 최후 적인이 8년 도형徒刑을 언도하는 날 그는 법정에서 그의 유명한 웅변을 열렬히 발표하여 전국을 진동시켰다. 그가 법관을 향하여 충고하는 말이 "우리의 제1차 계획은 불행히도 파괴되고 무수한 동지들이 피포·판죄되었지만 피포되지 않은 우리 동지들은 도처에 있으니 반드시 강도 외적을 섬멸하고 우리의 최후 목적을 도달할 날이 있을 것이다."라고 고함쳤다.

그는 개성이 굴강하여 감옥에서도 감옥 규칙에 반항하였다. 그러므로 감옥 내의 장裝을 받은 일이 없고 적인의 감형을 입은 일이 없다. 원래 감옥 규칙은 죄수로 하여금 매일 기상 후 간수를 향하여 경례를 하게 하는 법이지만 그는 이 규칙에 항거하여 적에게 경례를 하지 아니하니 무치한 간수들은 석정 동지의 두 손을 붙잡고 머리를 내리 누르면서 강압적으로 경례를 시키었다. 그러나 그는 차라리 매일 강압에 이기지 못하여 절을 할지언정 자동 경례를 하지는 아니하였다. 이렇게 1개월을 상쟁하다가 간수들도 하는 수 없이 다시는 석정 동지의 경례는 받지 못하였다 한다.

그는 옥중에 있으면서도 강도·살인·쓰리범소매치기 등에게까지 부단히 교육하며 독립사상을 강론하는 일편 자기 자신도 각종 어학과 과학을 열심히 학습하였다. 그가 출옥 후 옥중에서 그에게 훈련된 죄수들이 원지방에서 그를 찾아와 그의 지도를 받아 혁명공작에 참가한 사람이 불소不少하였다. 출옥 후 그는 민족문화 사업에 참가하여 그가 중외일보 기자와 경남주식회사 사장이 되어 표면 활동을 하면서 또 비밀리 학생과 공인工人운동을 진행하다가 적인의 감시가 극심하여 국내에서 계속 활동이 불가능하므로 그는 하는 수 없이 조선을 떠나 중국으로 나오게 되었다. 1932년 하계, 그는 남경에 와서 나와 상봉하였다. 10년 만에 다시 만 리 이방에서 상봉한 그때 그가 나에게 한 말은 영원히 나의 기억에 남아 있다. "나의 과거의 일생은 다만 나의 열정과 용기로서만 조선독립을 하려고 분투하여 왔었다. 그러나 현재는 나의 경험과 교훈에 근거하여 단지 열정과 용기만으로는 목적을 도달하지 못한다는 것을 다시 각오하였다. 그러므로 지금 나는 나의 혁명적 인생관, 세계관 등 과학적 혁명 이론으로 나의 두뇌를 재무장하여야 나아가 정확한 혁명운동을 추근推近할 수 있다."라고 하였다. 그 후 그는 군중과 공동이 생활하고 공동이 학습하며 다시 그의 이론을 정리하기 위하여 조선혁명군사정치간부학교 제1기 개학 시에 교관이 되라는 우리들의 권고도 듣지 않고 자원으로 학생이 되었지만 학생 시기에 그는 사실상으로 기타 학생을 영도하고 교육하는 공작을 하였다.

제1기 졸업 후 그는 제2기, 제3기 정치·철학 교관으로 있으면서 전체 학생의 애희와 경앙을 일신에 집중하였다.

1935년 5당 통일회의 시 그는 의열단 대표의 자격으로 다방으로 분주하면서 각종 문제에 대하여 접흡接洽소통교섭하여 소통함의 공작을 다하였고 또 정확한 주장을 많이 발표하여 통일성공에 대한 공헌이 많다. 그러므로 조선 혁명 인사들에게 대단히 중시되었고 민족혁명당 창립 시 그는 중앙위원으로 피선되었다. 그 후 역차歷次 대표대회 시 그는 중앙집행위원과 중앙상무위원으로 피선되어 우리 당 조직선전교육공작에 있어 그의 탁월한 천재를 표현하였다. 8.13항전 폭발 후 당 중앙 명령에 의하여 상하이에 가서 비밀공작을 진행하였으며, 1938년 조선의용대 성립 후 요직을 역임하였고, 조선 문간물-전고戰鼓를 주편하였다. 1940년 동계 조선의용대 제3지대가 봉명 북상 시에 석정 동지는 그 지대 정치 지도원과 민족혁명당 중앙 대표의 자격으로 일체 공작을 부책負責영도하였다. 그가 이유離渝-헤어질 시에 우리를 향하여 "금년에는 화북 근거지를 건립하고 명년에는 동북 근거지를 건립하겠다. 내명년에는 조국에 진입하겠다."라고 선서하였다.

조선의용대 제3지대가 화북에 진출한 후 전대全隊의 공작을 무장선전과 적후공작 양종으로 나누고 석정 동지는 적후공작의 부책인이었다. 그의 세밀한 공작 계획 하에서 양년말의 화북적후 공작은 이미 거대한 수확이 있었다. 공작상·학습상 심지어 대인 접물상 그는 여러 사람들의 모범이 아니되는 점이 없으므로 화북의 우리 전체 동지들은 보다 그를 제일 신임하는 영도자로 응대하며, 보다 그의 주위에 단결되어 적인을 향하여 영 간고한 투쟁을 전개하고 있는 것이다. 1942년 5월 말 태항산중의 마전 반격전에서 석정 동지는 불행히도 중탄수상되어 섭현 장자령 초지상에 누어서 기동하지 못하게 되었다. 3일을 경과한 후 우리 동지들은 그를 비로소 발견하였다. 그는 유혈이 과도하여 그를 산록 흑룡동 의원석굴 속으로 옮겼을 때는 구치의 희망이 없을 때였었다. 양일 후6월 3일 석정 동지는 석동石洞 속에서 죽고 말았다. 그는 임종할 시에 제 동지에게 단결살적하기를 유언하였다. 사후 중국 군정 당국과 제3지대 동지들은 석정 동지와 그와 동시에 순국한 김창화 동지를 태항산상에 안장하였다. 석정 동지는 조선 독립과 인류의 해방을 위하여 소유의 정력을 공헌하였고 일체의 행복과 심지어 최후 일적혈까지 바쳤다. '나의 청춘은 감옥에서 다 보냈다'라고 그는 동지들을 대하여 때때로 말하나 이 말은 상감傷感의 의미가 아니고 호불개의毫不介意와 태도를 표시한 것이다. 그는 자신의 사생활에 있어서 극히 근엄하고 염결廉潔하였다.

처자가 있으나 가정의 사정으로 인하여 사업에 구한 일이 없다. 그는 나와 지친하지만 언제나 혁명 문제 외에 사정私情을 말한 일이 없었다. 그는 개성이 굴강한 불굴불요의 의지를 가진 사람으로 여하히 곤란한 환경 중에서도 저상소침沮喪消沈하는 일이 없다. 즉 감옥 내에서의 일체 행동으로서도 그는 영원히 굴복되지 않는 사람인 것을 알 수 있는 것이다. 그는 특별히 사물의 분석과 공작 계획에 능한 사람으로 화북 적후공작은 즉 그가 포치佈置한 것이다. 그는 열정이 풍부하고 웅변에 능하므로 그가 등단하여 연설할 때에는 능히 사람을 웃기고 울린다. 평상시 동지들과 같이 좌담할 때에도 사람들은 자연히 그를 특별히 주의하고 그의 이야기를 재미있게 듣게 된다.

그는 부단히 이론을 학습하고 또 이론을 구체 환경에 능히 원활하게 운용할 줄 아는 사람이다. 그러므로 그는 과거 제1기 간부학교 때에 교원이 되기를 원치 않고 학생을 자원하였으며 또 매번 당내 혹 당외에 이론 투쟁이 있을 때마다 그는 구체적 환경에 근거하여 정확한 주장을 규명하였고 종래로 비 실제의 기성既成한 조리條理에 구속된 일이 없다. 그의 대인의 태도는 겸손하고 화애和靄하다. 특별히 교양과 설복의 능력이 강하므로 당내의 사람이거나 남녀노소를 물론하고 누구나 그를 좋아하고 접근 아니하는 사람이 없었다. 사람마다 곤란한 문제가 있을 때는 모두 그를 찾아 해결의 방법을 구하였다. 그러므로 그가 당내 단결과 당외 단결공작상에 있어서 특별한 천재를 표현하였다. 석정 동지는 이미 희생되었다. 그는 진정한 항일전쟁 상에서 죽었고 그의 피는 중국항일 장사의 피와 함께 태항산에 같이 흘렀다. 그가 죽음으로 인하여 나는 일생 동생사同生死 공환란共患亂하던 가장 친밀한 전우를 잃게 됨으로 인하여 시시로 내심으로부터 나오는 눈물을 금할 수 없고 또 뿐만 아니라 난고한 환경 중에 분투하고 있는 화북 동지들은 가장 우수한 영도 인물을 상실하였고, 전 조선혁명전선은 막대한 손실을 입게 된 것이다. 그가 죽은 후 이미 만 1주년이 되는 금일 전 세계 반파시스트의 소식이 분분히 전하여 오지만 우리 조선독립운동은 아직도 응유의 발전을 하지 못하고 있다. 이러한 때에 그를 추도하며 화북 동지들을 요억遙憶할 때에 사람으로 하여금 무한한 감회를 금치 못하게 한다. 그러나 동시에 우리들은 후사자后死者의 중대한 책임을 느끼게 된다. 우리는 오직 석정 동지의 혁명정신을 학습하고 그의 혈적을 밟아 전진하여 그의 미완성한 유업을 완성할 뿐이다.

1943. 6. 15.『앞길』

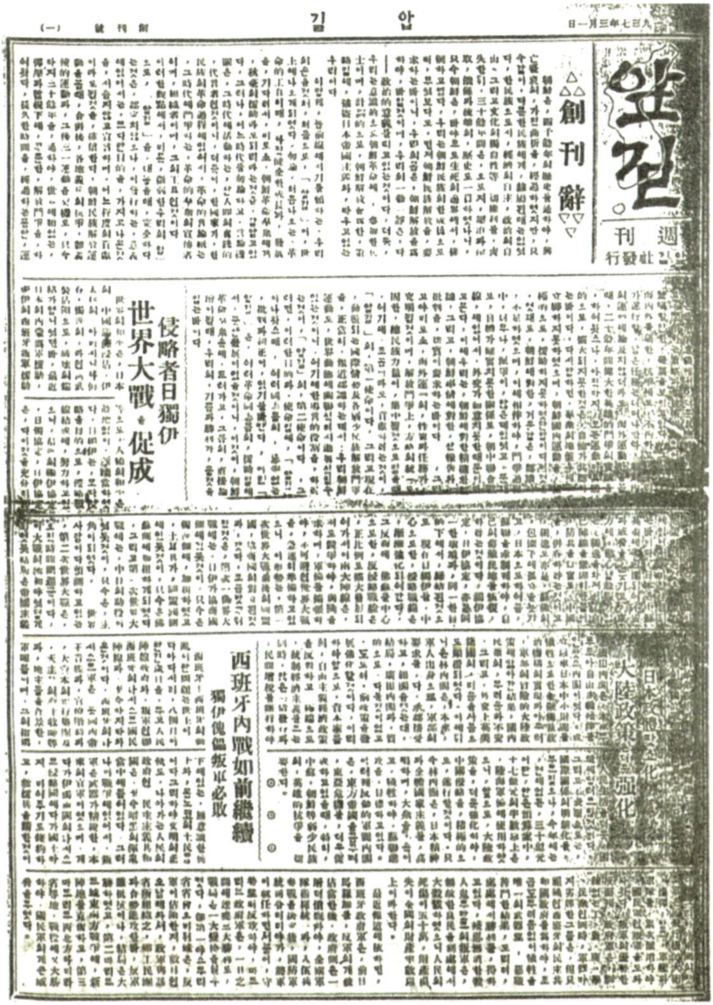

앞길

週刊

앞길社發行

一九三七年三月一日

創刊號 (一)

創刊辭

侵略者日獨伊 世界大戰을 促成

西班牙內戰如前繼續

獨伊傀儡叛軍必敗

앞길 창간호.

햇살 가득한 곳, 밀양!

밀양은 인간의 이성으로 이해하지 못하는 신비한 현상으로 인해 주목받는 곳이다. 사명당 유정대사의 비에서 흐르는 땀, 한여름 깊은 골짝 안에 열리는 고드름, 두드리는 돌에서 나는 쇳소리 등 비상식적인 현상이 더 많이 세간에 알려졌고, 이러한 것들을 눈으로 확인하고 싶어 찾아오는 사람들이 많다.

또, 밀양은 이름처럼 햇살 가득한 곳이다. 이런 이름을 가진 곳은 예로부터 농경지로 유명하며 먹거리가 풍부하다. 먹거리가 모든 이의 근심이었던 예부터 햇살 가득 우리에게 풍년을 안겨다 줄 것이라는 믿음이 넘치는 곳, 민중들에게는 희망의 땅이었던 지역이다. 든든한 육체는 흥겨움에 못 이겨 노래를 부른다. 밀양의 노래인 아리랑은 곡조가 빠르다. 풍요로운 들판과 넉넉한 인심은 사람들을 세마치장단의 빠른 노래로 이끌어 갔다.

그러나 최근 〈암살〉이라는 영화가 관객 천사백만 명을 넘기면서 밀양을 찾는 발걸음의 목적이 달라졌다. 약산 김원봉이 어떤 사람인가 알아보고 그의 생가를 둘러보기 위해, 또는 여동생을 찾아뵙거나 약산의 부인 박차정 여사의 묘소에 참배하기 위해 밀양으로 향하는 발걸음이 많아졌다. 약산 김원봉이라는 목적만 갖고 찾아온 사람들이 새삼 놀라워하는 사실이 있는데, 바로 밀양이 '독립운동의 성지'라는 것이다.

약산만 찾으면 목표 달성인 사람들의 발걸음은 하루를 머물고도 모자라 다시 탐방을 결심하게 된다. 독립유공자공훈에 따라 주어지는 훈장 중 세 번째 단계인 독립장 이상을 서훈받은 분이 10분이나 되는 곳, 그러나 그 어느 곳에도 기념할 조형물이 세워져 있지 않은 곳, 아직도 약산의 이야기를 터부시하는 곳, 그러나 쉽게 발걸음을 돌려 아무 일 없다는 듯이 떠날 수 없는 곳, 그곳이 바로 밀양이다.

밀양의 역사

밀양은 변한 시대 소국 중의 하나인 미리미동국이라는 부족국가에서부터 기록에 등장하고, 가락국에 속하였다. 삼국 시대 지증왕 6년 신라에 복속되면서 '추화군'이 되었고, 경덕왕 16년 9주 중의 하나인 밀주에 소속된 밀성군으로 개칭되어 속현 5개를 거느리고 있었다.

고려 시대 성종 14년 밀주군으로 승격되어 창녕군과 청도군, 그리고 계성현, 영산현, 풍각현, 현풍현을 관하에 둔 큰 고을을 이루었다.

충렬왕 원년 조천의 반란으로 계림부에 속하다가 뒤에 밀성현으로 승격되었고, 충렬왕 11년 밀성군으로 재승격, 공양왕 2년 밀양부로 승격되었다.

조선시대에는 밀성군, 밀성부, 밀양도호부로 개칭되다가 고종 32년1895 23부제가 실시되면서 대구부 밀양군으로, 1896년에는 경상남도 밀양군으로 개칭되었다. 일제강점기 '면제'가 시행되면서 밀양군 밀양면으로1910. 10. 1. 변화되었고, 1931년 대전·안동과 함께 읍으로 승격되었다. 1963년 삼랑진면이 삼랑진읍으로, 1973년 하남면이 하남읍으로 승격되었고, 1989년 밀양시로 승격되었다. 1995년 밀양시와 밀양군의 통합으로 도시와 농촌의 복합형인 2읍, 9면, 5동의 행정구역을 갖춘 오늘날의 밀양시가 조성되었다.

밀양의 자연환경

밀양은 태백준령의 마지막 자락으로 1,000m 이상의 높은 산들로 둘러져 있다. 거대한 산 병풍으로 둘러싸인 듯한 분지형의 밀양은 비가 적게 오는 곳으로도 유명하지만 물 때문에 고통을 겪지 않는 곳이기도 하다. 태풍이나 장마로 전국의 도시가 물난리를 겪어도 밀양만은 게으른 빗방울이 잠시 쉬듯 조용하다. 그렇다 하여 제한급수를 할 만큼 주민들에게 고통을 주지도 않는다. 언제나 필요한 만큼 내려 그것으로 부족함 없이 농사지으며 삶의 터전을 지켜온 곳이다.

주변의 억산, 가지산, 재악산재약산, 신불산 등의 산들과는 달리 시내는 주산인 화악산을 중심으로 종남산과 추화산으로 포근히 감싸 안겨 있으며, 시내 중앙에는 아동산과 아북산衙北山이 자리하고 있다. 관아의 동쪽에 자리 잡았다 하여 아동산衙東山이라 불리는 곳에는 남한 제일의 명루인 영남루嶺南樓가 있고, 관아 북쪽 산인 아북산에는 밀양여고와 백중놀이 전수관이 밀양의 사계四季와 역사를 지켜보고 있다. 이곳 아북산 자락에 자연사박물관과 천체관측소가 조성되고 있어 또 다른 볼거리가 될 것이다.

여름에는 덥고, 겨울에는 몹시 추워 일기예보의 최강 자리를 차지하고 있는 곳이지만, 산수山水는 인간을 말없이 안아 주고, 맑은 공기와 따스한 햇살 그리고 깨끗한 물과 바람은 만물을 영글게 하여 각종 특산물을 지역민에게 안겨다 주었다. 얼음골 사과, 단장면 대추, 상남면 깻잎, 무안면 고추, 삼랑진읍 딸기 등은 전국 최고의 명품으로 알려져 밀양의 대명사처럼 사용되기도 한다.

이러한 자연환경보다 더 멋진 것은 그 속에 살고 있는 사람들이다. 그들의 역사와 그들이 만들고 남겨 놓은 모든 것들이 유유히 흐르는 밀양강과 어우러져, 이곳에 삶의 터전을 일구고 사는 모든 이들과 잠시 이곳을 찾아온 발걸음에게도 진한 울림으로 다가오는 그들의 이야기는 우리 시대의 아픈 역사와 함께하고 있다. 작지만 강한 울림을 가진 도시 밀양! 그곳에 서면 충절의 성인들이 보인다. 그리고 그곳에는 일제강점기 조국의 광복을 위해 자신의 목숨을 초개처럼 버린 선열들의 의기가 살아 움직이는 것이 보인다. 그래서 늘 옷매무시를 가다듬고 삶의 의미를 되새기며, 지금의 나를 돌아보게 된다. 부끄럽지 않게 살고 있는가? 무엇을 위해 살고 있는지를 스스로에게 묻게 된다.

21세기 4차산업을 선도할 나노융합기술의 상징, 밀양

2017년 6월 29일 나노융합국가산업단지 계획 승인이 확정되었다. 11만 밀양인의 소망과 미래가 담긴 희소식에 밀양인들은 덩실 춤추며 고장의 노래 아리랑을 불렀다. 산업단지를 지원할 지원센터는 물론이거니와 관련 기업체의 설립 및 이주 추진, 이에 따르는 인재를 양성하기 위해 전국 최초의 한국나노마이스터고 설립 등을 통해 새로운 도

약을 꿈꾸고 있다. 이 나노융합산업은 노령인구의 비중이 높아 초고령 사회에 진입한 밀양에 활력을 불어넣어 줄 희망의 끈이다. 젊은이들이 이곳에서 자신의 미래를 설계하며, 가족들과 함께 자연이 내려준 풍요 속에서 더불어 사는 곳! 공기 좋아 말년을 보내기 좋은 도시가 아닌 활기 넘치는 젊은이들의 도시! 그래서 경륜과 패기가 어우러진 도시, 한국의 미래 4차산업을 선도할 먹거리를 만드는 최고의 도시로 거듭날 밀양이기에, 이곳에 우뚝 서서 대한의 빛나는 미래를 꿈꾸어 본다.

인물연보

강우규 1855. 7. 14. ~ 1920. 11. 29.

평남 덕천 출생. 길림에서 광동학교 설립. 민족 교육에 앞장섬. 1919년 연해주의 노인동맹단에 가입하여 사이토 총독을 폭살하기 위해 국내로 잠입함. 1919년 9월 2일 총독을 향해 폭탄을 던졌으나 사이토 암살에는 실패함. 그러나 이는 일제의 만행을 세계에 알리는 계기가 되었으며 이후 의열투쟁에 영향을 줌. 1962년 건국훈장 대한민국장이 추서됨.

권애라 1897. 2. 2. ~ 1973. 9. 26.

경기도 개성 출생. 3.1운동 당시 어윤희와 함께 만세운동을 주도하다 체포되어 9개월을 복역하였으며 출옥 후 애국 강연을 하다 체포됨.

1922년 극동인민대표회의 한민족 여성대표로 참가하여 김시현을 만남. 1942년 길림의 시가둔 영신농장에서 아들 김봉년과 함께 관동군 특무대에 체포되어 12년형을 선고받아 복역 중 해방으로 출옥함. 1990년 건국훈장 애국장이 추서됨.

김대지 1891. 10. 7. ~ 1943. 10. 26.

경남 밀양 출생. 동화학교를 졸업하고 동화학교 교사 역임. 청춘의 일편단심을 국권회복에 바치겠다며 일합사 조직. 대한광복회 조직 및 활동으로 징역 4월 복역함. 의열단 창단에 기여하고 대한민국임시정부 내무위원 및 교통차장 역임함. 독립운동단체 통합을 위한 북경군사통일회의 발의하고 의열단 남부선 파괴 공작 및 나석주 의거에 관여함. 1980년 건국훈장 독립장이 추서됨.

김병환 1889. 2. 19. ~ 1947. 1. 16.

경남 밀양 출생. 일제강점기 동안 밀양을 떠나지 않고 지역에서 해방될 때까지 독립운동을 함. 3.13밀양면만세운동 당시 독립선언서를 숨겨두어 6개월 형을 받음. 의열단의 제1차국내기관총공격 때에도 체포되어 3년 형을 선고받음. 1925년 경북의열단 사건에 연루되어 다시 체포됨. 신간회 활동 및 차가인동맹 등을 통해 지역민의 권익 향상을 위해 노력하였고 해방 이후 밀양 인민위원회 위원장을 역임함. 1991년 건국훈장 애국장이 추서됨.

김상옥 1889. 1. 25. ~ 1923. 1. 22.

서울 출생. 3.1운동 후 혁신단을 조직하고 혁신공보를 발행하여 독립정신을 고취함. 1920년 암살단을 조직하여 직접 행동을 계획함. 이후 중국으로 망명하여 의열단에 가입하고, 1923년 서울에 잠입하여 종로경찰서 폭탄 투척과 관련하여 일본 경찰과 서울 시내에서 총격전 끝에 권총으로 자결함. 1962년 건국훈장 대통령장이 추서됨.

김시현 1883 ~ 1966

경북 안동 출생. 일본 메이지대학 법학부를 졸업하고 의열단원이 됨. 모스크바에서 개최된 극동혁명단체대표대회에 한국 대표로 참석하였고 1923년 의열단 제2차국내기관 공격을 주도함. 황옥과 함께 일을 도모하다 체포되어 10년형을 선고받음. 출옥 후 독립운동을 하다 북경에서 체포되어 5년형을 선고받는 등 해방 되는 순간까지 감옥에서 복역함. 1952년 이승만 대통령을 암살하려다 실패하여 사형 선고를 받았으나, 무기로 감형된 후 4.19혁명으로 석방됨.

김원봉 1898. 3. 14. ~ 1958. ?.

경남 밀양 출생. 의열단 창단 및 의백단장으로 23차례의 폭탄의거를 주도함. 황포군관학교 제4기 졸업. 레닌주의정치학교 교장, 조선혁명군사정치간부학교 교장, 조선민족혁명당 총서기, 조선의용대 대장, 한국광복군 부사령 및 제1지대장, 대한민국임시정부 군무부장을 역임함. 해방 후 귀국하여 민주주의민족

전선 공동 대표로 활동함. 1948년 남북제정당사회단체협의회 참석차 월북하였고 조선민주주의인민공화국 국가검열상과 노동상을 역임하였으나, 1958년 김일성 정권에 반대하다 숙청당한 것으로 알려짐.

김익상 1895. 6. 25. ~ 1942

경기도 고양 출생. 비행사가 되는 꿈을 가지고 텐진과 상하이 비행학교를 찾아가나 비행학교가 휴교 중이라 북경으로 옮겨와 의열단에 가입. 1921년 조선총독부 비서과와 회계과에 폭탄을 던지고 북경으로 돌아옴. 1922년 상하이 황포탄黃浦灘 의거의 제2선 책임자였으나 다나카 기이치의 모자만 명중시켜 현장에서 체포됨. 무기형 복역 중 1942년 출옥하였으나 일본 경찰에 끌려가 죽임을 당함. 1962년 건국훈장 독립장이 추서됨.

김학철 1916 ~ 2001. 9. 25.

함남 원산 출생. 중국으로 망명, 중앙육군군관학교를 졸업한 후 조선의용대에 참여하였고, 조선의용대 화북지대에 편입되어 타이항산으로 이동함. 1941년 12월 원씨현 호가장 전투에서 적탄에 맞아 포로가 됨. 나가사키 형무소 수감 중 해방으로 출옥함. 이후 문인으로 활동하며 타이항산의 동지들을 그린 글들을 많이 썼으며, 2001년 그토록 원하던 밀양에 와 "소원을 이루었다."고 함.

나석주 1892. 2. 4. ~ 1926. 12. 28.

황해도 재령 출생. 3.1운동 후 대한민국임시정부의 군자금 모금 활동 및 결사대를 조직하여 상월면 주재소 일경과 상월면장을 사살함. 이후 중국으로 망명하여 백범 김구의 임시정부 경무국 경호원으로 활동함. 1926년 김창숙의 도움으로 폭탄을 마련하여 동양척식주식회사와 식산은행에 폭탄을 투척한 후 권총으로 자결함. 1962년 건국훈장 대통령장이 추서됨.

노덕술 1899. 6. 1. ~ 1968. 4. 1.

경남 울산 출생. 울산공립보통학교 2년 수학, 1920년 경상남도 순사 임명 이후 1943년 9월 경시로 승진, 조선인으로 경시까지 승진한 사람은 8명이며 순사에서 경시까지 승진한 사람은 노덕술이 유일함. 일제강점기 고문의 대부분을 고안하였으며 독립운동가들을 체포하고 고문함. 해방 후 경기도 경찰부 수사과장으로 활동, 반민특위에 체포되었으나 이승만의 비호로 풀려남. 1950년부터 군으로 자리를 옮겨 1955년 뇌물수뢰 혐의로 파면될 때까지 요직을 차지함. 해방 후 훈장 3개를 추서받음.

마자르 ?~?

헝가리인. 헝가리는 1차대전 이전까지 오스트리아 합스부르크 왕가의 지배를 받았으므로 혁명운동에 가담한 사람들이 많음. 마자르는 몽골에서 의열단원 이태준을 만나 의기투합하였으며 의열단을 위해 폭탄 제조 기술을 알려주려 하였으나 이태준의 사망으로 어렵게 됨. 마자르는 홀로 북경 거리를 헤매며 약산 김원봉을 찾았고, 이후 의열단원에게 고성능의 폭탄이 주어짐.

박재혁 1895. 5. 17. ~ 1921. 5. 27.

부산 출생, 부산상업학교지금의 개성고등학교 졸업. 상하이 무역회사 취업 중 1920년 김원봉을 만나 의열단 가입, 1920년 폭탄 1개와 군자금 300원 여비 50원으로 입국함. 고서상인으로 위장 부산 경찰서장 하시모토와 면담 중 폭탄을 터뜨렸고, 자신도 중상을 입고 체포됨. 이는 의열단 최초의 성공한 거사이며 지역에 밝은 지역 출신이 작탄투쟁을 감행하여 성공한 것으로 밀양경찰서 폭탄 사건의 주역 최수봉에게 큰 영향을 줌. 1962년 건국훈장 독립장이 추서됨.

박차정 1910. 5. 7. ~ 1944. 5. 27.

부산 동래 출생. 일신여학교 동맹 휴교 및 근우회 활동 중 동맹 휴교를 주도하다 체포, 고문 후유증으로 병보석으로 풀려나 중국으로 망명함. 레닌주의정치학교 교관 역임. 약산 김원봉과 결혼. 조선혁명군사정치간부학교 교관을 역임함가명은 임철애. 조선의용대 조직 후 부녀복무단을 설립하여 활동함. 1939년

경 곤륜관 전투에서 총상을 입음. 1944년 중경에서 사망하여 화상산에 안장되었으나 1946년 밀양 김원봉의 선산에 안장됨. 1995년 건국훈장 독립장이 추서됨.

박춘금 1891. 4. 17. ~ 1973. 3. 31.

경남 양산 출생. 경상북도 병영에서 급사로 일하며 일본어를 배움. 1907년 일본으로 건너가 노동상구회를 조직, 이를 상애회로 확대·개편하여 부회장에 취임함. 1923년 동경대지진 당시 시체 처리와 복구 작업에 기여하였고, 1932년부터 1936년까지 일본 중의원으로 활동함. 1937년 다시 중의원 당선. 지원병제 실시 축하 행사 참여. 조선보국회 발기인이자 징병제 실시에 적극 협력하여 감사장을 받음. 대의당을 조직하여 아시아민족분격대회를 개최하였으나 조문기 등에 의해 행사 무산, 해방 후 일본에 건너가 일한문화협회 설립함. 사후 밀양에 그의 묘와 공덕비가 세워짐.

신채호 1880. 11. 07. ~ 1936. 2. 21.

충북 청주 출생. 독립협회 회원. 대한매일신보 논설기자. 신민회와 기호흥학회 회원으로 활동하며 언론인, 역사가, 문학인으로 활동함. 1923년 의열단을 위해 「조선혁명선언」을 작성하였고, 고대사 연구에 주력하여 일제의 식민사관을 극복하고자 노력함. 독립운동자금 마련을 위해 노력하다 체포되어 10년 형을 선고받아 복역 중 여순감옥에서 순국함. 1962년 건국훈장 대통령장이 추서됨.

안중근 1879. 9. 2. ~ 1910. 3. 26.

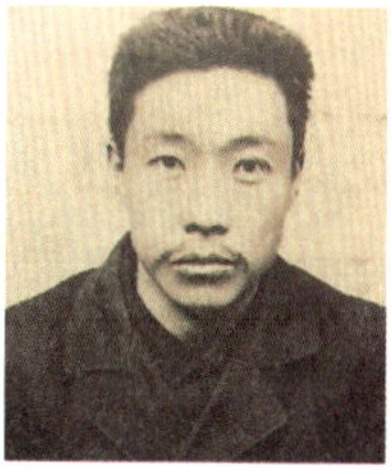

황해도 신천 출생. 1908년 의병부대를 이끌고 경흥 회령 등지에서 대일항전을 전개하였고, 연해주의 블라디보스토크에서 동의단지동맹을 결성함. 우덕순과 조도선, 그리고 유동하와 함께 이토 히로부미 암살을 계획하여 하얼빈역에서 그를 죽임. 여순감옥에서 『동양평화론』을 저술하고, 굳은 의지를 보여주어 간수들이 감화됨. 1962년 건국훈장 대한민국장이 추서됨.

유자명 1894. 1. 13. ~ 1985. 4. 17.

충북 충주 출생. 3.1운동 참여 후 중국으로 망명함. 나석주의 소개로 의열단에 가입하였고, 동방피압박민족연합회를 조직함. 1930년 남화한인청년연맹을 결성하고 일제 앞잡이를 처단하는 일과 임시정부 의정원 의원으로 활동함. 특히 신채호의 「조선혁명선언」 작성에 큰 역할을 담당함. 1968년 건국훈장 애국장이 추서됨.

윤봉길 1908. 6. 21. ~ 1932. 12. 19.

충남 예산 출생. 1927년 구매조합을 조직하여 농민의 경제자립을 추구하고, 1928년 부흥야학원을 설립하여 농민의 자녀를 교육함. 『농민독본』을 지어 주체적 민족정신을 확립하고 월진회를 통해 농민운동을 전개하다 중국으로 망명함. 상하이에서 김구를 만나 한인애국단에 가입하고 1932년 4월 29일 홍커우 공원에서 일왕의 생일인 천장절과 상하이사변 전승을 축하하는 기념식장에 폭탄을 던져 일본군 사령관 등 다수의 일본 고관들을 살상함. 1962년 건국훈장 대한민국장이 추서됨.

윤세복 1881. 3. 29. ~ 1960. 2. 13.

경남 밀양 출생. 본명은 세린世麟이나 대종교에 입교한 다음 국권회복의 의지를 담아 세복世復으로 개명함. 가산을 정리하여 환인현으로 이주, 동창학교를 설립하여 독립운동가를 양성함. 대한독립선언에 서명하고 흥업단 조직. 서일 자결 이후 대종교 활동을 확대하고 김교헌 순교 후 대종교 3대 도사교로 취임함. 안희제와 백산농장 및 발해학교를 운영함. 임오교변으로 무기징역형을 선고 받음. 해방 후 출옥하여 귀국함. 1962년 건국훈장 독립장이 추서됨.

윤세주 1900. 6. 24. ~ 1942. 6. 3.

경남 밀양 출생. 3.13밀양면만세운동 주도하고 일경을 피해 망명함. 의열단 창단에 함께하고 의열단 제1차국내기관총공격 의거로 투옥되어 7년간 경성감옥에서 복역함. 1927년 출옥하여 신간회 밀양지회 총무간사로 활동함. 1932년 중국으로 재망명하여 조선혁명군사정치간부학교 1기생

졸업 및 2·3기 교관 역임. 조선민족혁명당 창당[민족혁명당의 영혼으로 불림]. 조선의용대 훈련주임과 조선의용대 화북지대 정치위원으로 활동함. 타이항산 반소탕전에서 순국. 1982년 건국훈장 독립장이 추서됨.

윤치형 1893. 9. 10. ~ 1968. 11. 17.

경남 밀양 출생. 윤세주와 함께 3.13밀양면만세운동 주도하고 중국으로 망명하여 의열단 창단에 힘씀. 제1차국내기관총공격 당시 폭탄 재료 구입 비용 마련 및 관련자로 체포되어 5년 복역 후 출옥, 신간회 밀양지회 및 청년운동을 전개함. 해방 후 참의원과 의령 군수 역임. 1990년 건국훈장 애국장이 추서됨.

이병철 1887. 5. 28. ~ 1925. 1. 14.

경남 밀양 출생. 의열단이 조직되자 이에 가입하였고, 이종암이 가져온 돈의 일부를 맡아 원보상회를 운영하며 무기 구입, 동지들의 피신, 은닉을 도움. 의열단의 제1차국내기관총공격 당시 폭탄을 직접 운반하여 밀양 김병환의 집에 숨김. 그가 죽자 압록강을 건너 국내로 진입하는 것이 어렵게 되었다고 할 정도로 중요한 역할을 담당함. 1995년 건국훈장 애국장이 추서됨.

이육사 1904. 4. 4. ~ 1944. 1. 16.

경북 안동 출생. 1926년 중국 북경 조선군관학교 제1기 졸업, 1927년 장진홍의 조선은행 대구지점 폭탄투척 사건에 연루되어 옥고를 겪음. 1930년 대구격문사건으로 체포되어 다시 복역함. 1932년경 중국으로 망명하여 조선혁명군사정치간부학교 제1기생으로 졸업하고 국내에 들어와 학생 모집 활동 및 문학 활동을 전개함. 크고 작은 사건에 연루되어 17차례나 피체되어 고문을 받았고 1944년 북경 감옥에서 순국함. 1977년 건국훈장 애국장이 추서됨.

이종암 1906. 1. 12. ~ 1930. 5. 28.

대구 출생. 부산상업학교 수학, 1916년 대구은행에 취업한 뒤 출납계주임을 하다 1만 500원을 훔쳐 동지들과 함께 미국으로 유학을 가고자 하였으나 제1차대전으로 뜻을 이루지 못함. 상하이를 거쳐 만주로 건너가 의열단을 창단하고 상하이로 가 폭탄제조법을 배움. 의열단 제1

차국내기관총공격 당시 체포를 면하고 최수봉을 만나 의열단에 가입시키고 밀양경찰서 폭파를 부탁함. 황포탄 부두에서 다나카 기이치를 암살하기 위해 제3선에서 폭탄을 던졌으나 실패함. 체포를 면한 뒤 1925년 경북의열단 사건을 주도하다 체포되어 옥고를 치르던 중 사망함. 1962년 건국훈장 독립장이 추서됨.

장지락 1905. 3. ~ 1938

평북 용천 출생. 김산으로 널리 알려진 인물로 신흥무관학교에서 수학하였고 임시정부 기관지인 『독립신문』의 교정원으로 활동함. 1923년 공산청년동맹에 가입하고 잡지 『혁명』을 간행함. 1926년 광동에서 조선혁명청년동맹을 조직하고 황포군관학교의 교관으로 활동함. 1930년 체포되어 증거 불충분으로 석방되었으나 이로 인해 의심을 받음. 1933년 체포되어 국내로 압송되었으나, 다시 석방됨. 1936년 조선민족해방동맹을 결성하고 연안의 항일군정대학에서 교관으로 활동했으나 중국공산당의 의심을 받아 1938년 처형 당함. 2005년 건국훈장 애국장이 추서됨.

전홍표 1869. 12. 2. ~ 1929. 7. 7.

경남 밀양 출생. 을사늑약 이후 의병진 구성. 지역 유지와 함께 동화학교를 설립하고 3대 교장에 취임하여 반일민족교육을 실시하다 동화학교 폐교 당함. 1919년 3월 제자인 윤세주·윤치형과 함께 3.13밀양면만세운동 주도하다 망명. 조국의 광복을 바라는 「고천문」을 작성함. 최수봉 사형 후 장례 및 유족 지원 활동으로 체포됨. 2018년 3월 건국포장이 추서됨.

조마리아 1862 ~ 1927. 7. 15.

황해도 해주 출생. 본명 조성녀. 안중근의 어머니인 조마리아는 1907년 국채보상의연금을 납입함. 1926년 상하이재류동포정부경제후원회의 위원을 역임하고 대한민국임시정부 경제후원회의 정위원으로 선출되어 활동함. 안중근의 사형선고 후 수의를 지어 보내고 동봉한 편지글이 국내와 일본에 소개되어 '시모시자'의 대명사로 알려짐. 2008년 건국훈장 애족장이 추서됨.

진광화 1911 ~ 1942. 5. 28.

평남 평양 출생. 본명은 김창화임. 1931년 중국으로 망명한 뒤 유학생을 중심으로 남경학생회를 조직하여 활동하였고, 1929년 철혈단 단원으로 『우리 길』을 발간하여 독립사상을 고취함. 1933년 중산대학에서 교육학을 전공하였고 1938년 산서성에 파견되어 선전극단 단장을 역임함. 1939년 진기로예지구에서 활동하고 1941년 화북조선청년연합회 회장, 조선의용대 화북지대 지도원으로 활동하다 1942년 반소탕전에서 적의 총탄에 의해 순국함. 1993년 건국훈장 애국장이 추서됨.

최수봉 1894. 3. 3. ~ 1921. 7. 8.

경남 밀양 출생. 본명 최경학. 밀양공립보통학교·동화학교·명정학원·숭실학교 등에서 수학함. 1920년 이종암과 김상윤의 권유로 의열단에 가입하고 고인덕이 만들어준 폭탄으로 밀양경찰서에 투탄 후 자결을 시도하였으나 체포되어 1심에서 무기징역, 2심에서 사형, 3심이 기각되어 대구형무소에서 사형 당함. 1963년 건국훈장 독립장이 추서됨.

최채 1914. 11. 23. ~ 2006. 8. 5.

황해도 신천 출생. 본명은 최윤상이며 1940년 조선의용대에 가입함. 조선의용대 화북지대의 일원으로 타이항산 지역에서 활동함. 일본군의 소탕전에 맞서 1942년 5월 반소탕전을 전개하던 중 석정 윤세주, 진광화와 함께 적을 유인하였음. 윤세주의 죽음을 확인하고 열 손가락에 피가 흐르는 것도 모른 체 굳어진 땅을 파 석정을 묻고 흙과 돌을 덮어주었다고 증언함.

하진동 1914 ~ ?

평북 벽동 출생. 조선혁명군사간부학교 2기생 졸업 및 3기생의 교관으로 활동하여 야간전투교육을 담당함. 조선민족혁명당 성립 후 약산과 동거하며 각종 연락 업무를 담당함. 조선의용대 화북지대원으로 타이항산 지역으로 이동함. 윤세주의 최후를 확인하고 최채와 함께 석정을 안장함. 해방 이후 북한의 포병학교 교장을 역임함.

황상규 1891. 4. 19. ~ 1931. 9. 2.

경남 밀양 출생. 그의 호 백민은 백의민족을 상징하는 것임. 동화학교 교사 역임. 청춘의 일편단심을 국권회복에 바치겠다며 일합사 조직. 경북지역의 지사들과 함께 대한광복회 조직. 대한독립선언 서명. 의열단 조직 및 후견. 북로군정서 재무 총책으로 활동하였고, 의열단 제1차국내기관총공격 의거로 투옥되어 7년간 복역함. 출옥 후 신간회 밀양지회 대표 및 중앙상임위원회 서기장, 광주학생항일운동 조사관, 조선어학회 사전편찬회 발기인으로 활동하다 1931년 사망함. 1963년 건국훈장 독립장이 추서됨.

황옥 1887~?

고려공산당 당원으로 알려졌으며, 경기도 경찰부 경부임. 아직도 독립운동가인지 밀정인지 명확하게 밝혀지지 않은 인물임. 스스로 밀정이었다고 하였으나 약산과 김시현은 그를 독립운동가로 인정함.

참고문헌

- 강만길, 『밀양의 독립운동사』, 밀양문화원, 2003.
- 강만길, 『증보 조선민족혁명당과 통일전선』, 역사비평사, 2003.
- 김동진, 「1923 경성을 뒤흔든 사람들(의열단 경성이 심장을 쏘다!)」, 『서해문집』, 2016.
- 김삼웅, 『김원봉 평전』, 시대의창, 2008.
- 김상구, 『김구 청문회1, 2』, 매직하우스, 2014.
- 김승일, 『짧은 일생을 영원한 조국에 바친 조선의용군 석정 윤세주열사 중국태항산에 묻힌 대한의 혼』, 고구려, 2001.
- 김영범, 『한국독립운동의 역사 26, 의열투쟁Ⅰ』, 한국독립운동사 편찬위원회·독립기념관 한국독립운동사연구소, 2009.
- 김영범, 『한국근대민족운동과 의열단』, 창작과비평사, 1997.
- 김영범, 『석정 윤세주의 민족독립투쟁과 의열단』, 밀양문화원, 2001.
- 김영범, 『의열단·민족혁명당·조선의용대의 영혼 윤세주』, 독립기념관한국독립운동사연구소, 2013.
- 김영범, 『혁명과 의열』, 경인문화사, 2010.
- 김용직, 손병희 편저, 『이육사전집』, 검은샘, 2011.
- 김학철, 『최후의 분대장』, 연변인민출판사, 2010.
- 김학철, 『항전별곡』, 연변인민출판사, 2010.
- 님 웨일즈·김산, 『아리랑』, 동녘, 2017.

- 도진순, 『강철로 된 무지개 다시 읽는 이육사』, 창작과비평사, 2018.
- 독립기념관 한국독립운동사연구소, 『독립운동사적지를 찾아서3』, 국가보훈처, 2012.
- 독립기념관 한국독립운동사연구소, 『독립운동현장 읽기, 일제식민기관과 의열투쟁편』, 2012.
- 리광인 편저, 『황포 출신 겨레 혁명가들』, 민족출판사, 2014.
- 박태원, 『약산과 의열단』, 백양당, 1947.
- 배경식, 『식민지 청년 이봉창의 고백』, 휴머니스트, 2015.
- 손정태, 『밀양의 항일독립운동가』, (사)밀양독립운동사연구소, 2014.
- 송상도, 『기려수필, 1, 2, 3, 망국의 한 기록으로 꽃 피우다』, 도서출판문진, 2014
- 송종훈, 『잊혀진 전설(항일무장투쟁의 불꽃 의열단과 김원봉)』, 무일np, 2018.
- 염인호, 『김원봉 연구』, 창작과비평사, 1993.
- 이동언, 『내가 몰랐던 독립운동가 12인』, 선인출판사, 2013.
- 이원규, 『약산 김원봉』, 실천문학사, 2005.
- 이윤옥, 『서간도에 들꽃 피다』, 도서출판 얼레빗, 2011.
- 이윤옥, 『서간도에 들꽃 피다(2)』, 도서출판 얼레빗. 2012.
- 이이녕, 『민족의 혼(실록, 독립운동사) 1~20』, 상상나무, 2013.
- 이화림 구술, 『머나먼 여정』, 조선족 구술력사시리즈, 2012.
- 임종금, 『대한민국 악인열전』, 피플파워, 2016.
- 정석해 외 20, 『털어놓고 하는 말 I』, 뿌리깊은나무, 1978.
- 조문기선생 회고록, 정리 유지호, 권남경, 『슬픈 조국의 노래』, 민족문제연구소, 2005.
- 줄리아 리(김주영), 『줄리아의 가족 순례기』, 레드우드, 2015.
- 최강, 『조선의용군사』, 연변인민출판사, 2006.
- 최국철, 『석정 평전-최후의 결전기』, 연변인민출판사, 2015.
- 최봉춘, 『죄선의용대혈전실기』, 밀양문화원, 2006.

- 최필숙, 『일제강점기 미리벌의 분노와 희망』, 밀양독립운동사연구소, 2018.
- 친일인명사전편찬위원회, 『친일인명사전2』, 민족문제연구소, 2009.
- 한상도, 『대륙에 남긴 꿈, 김원봉의 항일역정과 삶』, 역사공간, 2006.
- 최은 구술, 변창애 기록, 『아직도 내 귀엔 서간도의 바람소리가』, 민족문제연구소, 2016.
- 강대민, 「박차정의 생애와 민족해방운동」, 『문화전통논집 제4집』, 1996.
- 강대민, 「일봉 김대지의 항일독립운동」, 『부대사학 제19집』, 1995.
- 『독립운동사』 제6권, 독립군전투사(하)
- 국가보훈처, 공훈전자사료관.
- 국가보훈처, 독립운동유공공훈록.
- 김덕균, 「윤세주의 항일가요〈최후의 결전〉에 대하여」, 『한국음악사학보』7, 한국음악사학회, 1991.
- 김 승, 「독립운동가 김병환 선생」, (사)밀양독립운동사연구소, 2014.
- 김영범, 「1920년 밀양항일촉탄의거의 배경과 전말–최수봉의 생애 행로와 의열단의 초기 동향을 중심으로–」, 학술강연 자료집, 2015.
- 김용달, 「김익상의 생애와 의열투쟁」, 『한국독립운동사연구』38, 독립기념관 한국독립운동사연구소, 2011.
- 김원봉, 「석정동지약사」, 『앞길』제32기, 조선앞길사, 1943.
- 김주용, 「의열단에서 임시정부로, 황상규–밀양지역 독립운동 대부–」, (사)밀양독립운동사연구소, 2014.
- 김춘복, 「석정 윤세주의 생애와 사상」, 『밀양문학』14, 밀양문학회, 2001.
- 도진순, 「육사의 〈청포도〉 재해석: '청포도'와 '청포' 그리고 윤세주」, 『역사비평』114, 2016.
- 박성수 외, 『밀양이 정신–단애 윤세복 선생이 생애와 사상 및 업적의 현대적 조명–』, (사)밀양독립운동사연구소, 2009.
- 서정매, 「선과 음정으로 살펴본 밀양아리랑」, 『한국민요학』21, 2007.
- 서정매, 「밀양아리랑의 변용과 전승에 관한 연구」, 『한국민요학』35, 2012.

- 양지선, 「항일가극 〈아리랑〉을 통해 본 한유한의 예술구국활동」, 『한국근대사연구』83, 2017.
- 유동연, 「한지성의 생애와 민족운동」, 『한국근대현대사연구』74, 한국근현대사학회, 2015.
- 정우택, 「한국 청년전지공작대의 가극 〈아리랑〉 공연과 그 의의」, 『한국민요학』21, 2007.
- 조석연, 「아산 아리랑과 광복군 아리랑의 기원에 관한 연구」, 『한국민요학』43, 2015.
- 『동아일보』 1922년 4월 7일, 「폭탄사건과 가(假)정부」 기사.
- 『동아일보』 1937년 6월 5일 호외 기사.
- 『매일신보』 1936년 8월 15일자 기사.

끝나지 않은 그들의 노래

2019년 8월 15일 초판 1쇄 발행
2019년 10월 15일 초판 2쇄 발행
2020년 1월 13일 초판 3쇄 발행

지은이 최필숙
펴낸이 이상경
부장 박현곤
편집 이가람
디자인 이희은

펴낸곳 경상대학교출판부 | 출판등록 1989년 1월 7일 제16호
주소 경남 진주시 진주대로 501
전화번호 055) 772-0801(편집), 0802(디자인), 0803(도서 주문)
팩스 055) 772-0809
전자우편 gspress@gnu.ac.kr
홈페이지 http://gspress.gnu.ac.kr
페이스북 https://www.facebook.com/gnupub
블로그 https://gnubooks.tistory.com

책값은 뒤표지에 있습니다.

이 도서의 국립중앙도서관 출판시도서목록(CIP)은 서지정보유통지원시스템 홈페이지(http://seoji.nl.go.kr)와 국가자료공동목록시스템(http://www.nl.go.kr/kolisnet)에서 이용하실 수 있습니다.
(CIP제어번호: CIP2019029941)

VII

커피는 문화다

◉ 커피와 문화

구분	내용	비고
1	커피(Coffee)	
2	문화(Culture)	
3	커피(Coffee)와 문화(Culture)	

1. 커피(Coffee)

사전적 정의로 보면 커피는 영어로 'coffee', 유럽에선 'cafe'라 하고 나라별로 언어에 따라 다양하게 불린다. 식물학적으로는 'coffea'로 불린다. 커피의 시작은 에티오피아에서 야생으로 자란 커피나무에서 열매를 따 날것으로 먹었고, 삶아서 물을 마셨으며 약용으로도 활용했다.

그러던 커피는 언제부턴가 볶아서 맛과 향으로 즐기기 시작했고, 오늘날 커피는 세계인의 사랑을 받는 기호음료로 자리매김하고 있다. 이처럼 커피는 변화하고 있고 이제는 하나의 문화로서 자리 잡고 있다.

앞으로 커피는 거대한 산업으로 일자리 창출과 경제 활성화에도 큰 역할을 할 가능성이 높다. 커피가 누구에게나 친근하고 따뜻한 친구 같은 존재였으면 한다.

2. 문화(Culture)

사전적 의미로 문화란 일상생활 속에서 행하는 행동이나 패턴이고 그 과정에서 이루어낸 많은 것들을 의미한다고 한다. 거기에는 가장 기본적인 의식주와 관련된 내용뿐만 아니라 축제나 언어, 예술 등이 다양하게 포함된다고 할 수 있다.

3. 커피(Coffee)와 문화(Culture) 궁합

여기에서 커피와 문화 이야기를 꺼낸 것은 커피가 하나의 문화로 자리 잡았으면 하는 바램에서 이다. 많은 사람들은 커피를 먹거리로 등장시키기도 한다. 아침, 점심, 저녁 식사를 한다면 거기에는 당연히 먹거리가 등장할 것이다.

그러나 식사와 구별되는 식후나 식사시간 이외에 이루어지는 만남, 회의 등에서도 커피를 먹거리로 또 등장시킨다면 모양새에 좀 아쉬움이 남는다. 따라서 커피는 먹거리가 아닌 시간과 공간을 공유하고, 여유를 즐기면서 마시는 새로운 개념의 커피문화로 자리매김하길 기대한다.

여기에서 말하고자 하는 커피문화에는 폭 넓은 분야가 망라된다. 즉, 커피와 어울릴 수 있는 모든 것이 커피문화에 포함된다.

첫째는 커피와 어울리는 먹거리가 있다. 먹거리로 제과류와 제빵류, 초콜릿류 등이 있고, 우리 고유의 떡 종류도 있다.

제과제빵

둘째는 커피와 어울리는 이벤트가 있다. 이벤트에는 커피축제, 커피쇼, 커피전시회 등이 있고, 대규모의 커피박람회도 있다.

카페쇼, 박람회

셋째는 커피와 어울리는 분위기가 있다. 분위기에는 조명, 인테리어 등이 있고, 다양한 장르의 음악도 있다.

인테리어

이외에도 이루 헤아릴 수 없을 정도로 많은 커피문화가 있을 것이다. 커피가 세계인의 사랑을 받는 기호식품으로 발전한 것은 커피와 궁합이 맞는 것들이 많아서 일 것이다. 따라서 커피와 어울리는 최고의 궁합이 문화였으면 한다.

커피축제

참고문헌

강찬호, *커피백과*, 2016, 기문사
김대기, *바리스타 교본*, 2009, MJ 미디어
김일호 외, *커피의 모든 것*, 2019, (주)백산출판사
김춘호 외, *바리스타 실무*, 2020, (주)백산출판사
김호철 외, *커피*, 2014, 기문사
서진우 외, *프로바리스타 바이블*, 2019, 대왕사
이용남, *카페& 바리스타*, 2012, 백산출판사
장상문 외, *커피학*, 2009, 광문각
장수한, *유럽커피문화기행*, 2008, 한울
장수한, *깊고 진한 커피이야기*, 2012, 자음과 모음
정정희 외, *커피N 커피*, 2014, 백산출판사
최병호 외, *커피바리스타 경영의 이해*, 2014, 기문사
최정희 외, *커피조리 이론과 실기*, 2013, 새로미
최풍운 외, *The Coffee*, 2013, 백산출판사
허영만, *커피스쿨: 커피, 제대로 알고 즐기기*, 2010, 팜파스
(사)한국커피협회, *바리스타1급 자격시험 예상문제집*, 2019, 커피투데이
(사)한국커피협회, *바리스타2급 자격시험 예상문제집*, 2019, 커피투데이
(사)한국커피협회, *커피지도사1급*, 2019, 커피투데이
(사)한국커피협회, *커피지도사2급*, 2019, 커피투데이
(사)한국커피협회, *홈카페마스터*, 2019, 커피투데이
(사)한국커피협회, *바리스타가 알고 싶은 커피학*, 2011, (주)교문사

김명섭, *김명섭교수의 커피이야기*, 강원도민일보
디키 해외여행시리즈: 가자, 세계로, 서울문화사

Andrea Illy and Rinantonio Viani, *Espresso Coffee: The Science of Quality*, 2005, Elsevier Academic Press

David C. Schomer, *Espresso Coffee: Professional Techniques,* 2004, Classic Day Publishing
Jean Nicolas Wintgens, *Coffee: Growing, Processing, Sustainable Production,* 2009. John Wiley & Sons Inc

저자약력

김 명 섭

문학박사
한림성심대학교 글로벌관광과 교수
(사)한국커피협회 회장
한국대학영어교육학회 고문
전) [김명섭교수의 커피이야기], 강원도민일보, 칼럼니스트

감수자약력

소 정

호텔관광경영학 석사
커피교육 학원 원장
로스터리 카페 대표
[커피소리, 커피사랑 이야기], 참뉴스, 칼럼니스트

책소개

제목 **커피 연가**
저자 김명섭
ISBN 978-89-6341-054-8 13590
정가 11,500원